PROCÈS

DE

MANOEUVRES A L'INTÉRIEUR

ET DE

SOCIÉTÉ SECRÈTE

AFFAIRE ACOLLAS, NAQUET, LAS, VERLIÈRE, ETC.

6e CHAMBRE DU TRIBUNAL CORRECTIONNEL DE LA SEINE

Audiences des 26, 27 et 29 décembre 1867

Interrogatoire des prévenus.
Incidents sur l'incompétence du Tribunal et sur le témoignage des agents de police.
Audition des témoins. — Réquisitoire du Ministère public.
Plaidoiries des défenseurs : Mes J. Favre, Crémieux, Gatineau, Floquet, Carré, Maillard, Forni et de Sonnier. — Jugement.

Prix : 1 fr. 50 c.

PARIS
EN VENTE CHEZ HURTAU, LIBRAIRE
12-15, GALERIES DE L'ODÉON
Et chez tous les Libraires.
1868

PROCÈS

DE

MANOEUVRES A L'INTÉRIEUR

ET DE

SOCIÉTÉ SECRÈTE

AFFAIRE ACOLLAS, NAQUET, LAS, VERLIÈRE, ETC.

6e CHAMBRE DU TRIBUNAL CORRECTIONNEL DE LA SEINE

Audiences des 26, 27 et 29 décembre 1867

Interrogatoire des prévenus.
Incidents sur l'incompétence du Tribunal et sur le témoignage des agents de police.
Audition des témoins. — Réquisitoire du Ministère public.
Plaidoiries des défenseurs : Mes J. Favre, Crémieux, Gatineau, Floquet,
Carré, Maillard, Forni et de Sonnier. — Jugement.

Prix : 1 fr. 50 c.

PARIS
EN VENTE CHEZ HURTAU, LIBRAIRE
12-15, GALERIES DE L'ODÉON
Et chez tous les Libraires.
1868

PROCÈS
DE
MANOEUVRES A L'INTÉRIEUR
ET DE
SOCIÉTÉ SECRÈTE

TRIBUNAL DE POLICE CORRECTIONNELLE DE LA SEINE
(6e chambre)

PRÉSIDENT : **M. Delesvaux.**

AVOCAT IMPÉRIAL : **M. Lepelletier.**

Audience du vendredi 20 décembre 1867.

L'audience est ouverte à midi au milieu d'une énorme affluence de public. Douze prévenus sont cités devant le tribunal : Acollas, Naquet, Hayot, Las, Verlière, Chouteau, Godichet, Adel, Meili, Goraud, Genouille et Hermann. Le premier, M. Acollas sous la prévention de *manœuvres à l'intérieur dans le but de troubler la paix publique et d'exciter à la haine et au mépris du gouvernement,* les quatre suivants sous la même prévention et sous celle d'*affiliation à une société secrète,* et les sept autres sous cette dernière prévention seulement.

Acollas a pour défenseur Me J. Favre, assisté de Me Versigny ; Naquet, Me Crémieux, assisté de Me Dupont ; Las, Me Gatineau ; Verlière, Me Floquet ; Chouteau, Me Carré ; Godichet, Me Maillard ; Adel, Me Forni ; Meili, Me de Sonnier ; enfin Hayot a pour défenseur Me Laborde.

M. le Président. — Goraud, Genouille et Hermann n'ayant pas répondu à leur citation de comparaître, le Tribunal donne défaut contre eux. — Je vais procéder à l'interrogatoire des neuf prévenus présents.

D. Acollas, levez-vous. Vos nom et prénoms?

R. Acollas (Pierre-Antoine-René-Paul-Émile).

D. Votre âge?

R. Quarante et un ans.

D. Votre profession?

R. Professeur de droit.

D. Votre demeure?

R. Rue Monsieur-le-Prince, 25.

Le Président. — Asseyez-vous. — Naquet, vos nom et prénoms?

R. Naquet (Joseph-Alfred).

D. Votre âge?

R. Trente-trois ans.

D. Votre profession?

R. Professeur agrégé de chimie à la Faculté de médecine.

D. Votre demeure?

R. Rue Montparnasse, 42.

Le Président. — Asseyez-vous. — Hayot, vos nom et prénoms?

R. Hayot (Clément-Henry).

D. Votre âge?

R. Vingt-quatre ans.

D. Votre profession?

R. Représentant de commerce.

D. Votre demeure?

R. Rue du Pont-de-Lodi, 5.

Le Président. — Asseyez-vous. — Las, vos noms et prénoms?

R. Las (Charles-Henri).

D. Votre âge?

R. Quarante-huit ans.

D. Votre profession?

R. Passementier.

D. Votre demeure?

R. Place de la Corderie, 8.

Le Président. — Asseyez-vous. — Verlière, vos nom et prénoms ?

R. Verlière (Charles-Alfred-Mathieu).

D. Votre âge ?

R. Vingt-six ans.

D. Votre profession ?

R. Homme de lettres.

D. Votre demeure ?

R. A Mazas !

Le Président. — Asseyez-vous. — Chouteau, vos nom et prénoms.

R. Chouteau (Henri-Louis).

D. Votre âge ?

R. Trente-trois ans.

D. Votre profession ?

R. Peintre.

D. Votre demeure ?

R. Rue de l'Orillon, 41.

Le Président. — Asseyez-vous. — Godichet, vos nom et prénoms ?

R. Godichet (François).

D. Votre âge ?

R. Vingt-trois ans.

D. Votre profession ?

R. Professeur de latin.

D. Votre demeure ?

R. Rue de l'Orillon, 41.

Le Président. — Asseyez-vous. — Adel, vos noms et prénoms ?

R. Adel (Auguste-Théophile), dit Manuel.

D. Votre âge ?

R. Trente-cinq ans.

D. Votre profession ?

R. Fondeur en cuivre.

D. Votre demeure ?

R. Rue des Panoyaux, 10.

Le Président. — Asseyez-vous. — Meili, vos nom et prénoms ?

R. Meili (Jean).

D. Votre âge ?

R. Vingt-cinq ans.

D. Votre profession ?

R. Ébéniste.

D. Votre demeure ?

R. Rue de Charonne, 12.

Le Président. — Asseyez-vous. Il n'y a aucune observation de la part des prévenus ou de leurs défenseurs ?

Hayot. — Monsieur le Président, je demande à faire défaut.

Le Président. — Quels sont vos motifs ? Le tribunal désirerait savoir quelles raisons vous poussent à demander le défaut ?

Hayot. — Je m'en rapporte à mon défenseur.

Me Laborde. — Le prévenu Hayot demande à faire usage d'un droit ; il n'a pas à expliquer ses motifs ; c'est un droit que tout prévenu possède de faire défaut ; il en use, voilà tout. Je conclus à ce que le tribunal donne défaut contre lui.

M. l'Avocat impérial. — Il est facile de comprendre quel motif pousse Hayot à demander de faire défaut ; c'est dans l'intérêt de ses co-prévenus qu'il agit ainsi. Les dépositions d'Hayot, dans l'instruction, sont une des charges les plus accablantes pour les autres prévenus. On comprend qu'il cherche à éluder l'audience pour ne pas nuire à ses co-prévenus. Je tiendrais au contraire à ce qu'il pût assister aux débats afin que ses paroles puissent être confrontées avec celles des autres prévenus. Si donc Hayot veut faire défaut, je demande à ce que l'affaire entière soit remise à huitaine. D'ici là, j'en suis sûr, les prévenus auront engagé eux-mêmes Hayot à se départir de son défaut, pour ne pas prolonger leur détention préventive.

Quelques-uns des prévenus se lèvent pour parler.

Le Président. — Je vais recueillir les observations de chacun de vous, relativement à l'incident. — Acollas, qu'avez-vous à dire ?

Acollas. — Notre prévention a déjà été longue. M. Hayot, peut toujours faire défaut, si cela lui plaît, et par conséquent prolonger indéfiniment notre détention préventive, en cas de remise.

Naquet et les autres prévenus, à l'exception d'Hayot, successivement interrogés par M. le Président, protestent que leur prévention a déjà été assez longue, et qu'ils demandent à être jugés immédiatement. Las et Verlière font de plus observer qu'ils sont souffrants.

M. l'Avocat impérial. — Je comprends la demande des prévenus. Je ferai observer seulement que ce n'est pas ma faute si l'affaire a déjà été renvoyée. Je me suis tenu prêt pour le jour de l'audience, aux dépens de mes forces, aux dépens de ma santé. Ce sont les défenseurs qui ont fait remettre la cause à huitaine. Aujourd'hui survient un incident sur lequel le ministère public doit prononcer son opinion. Or Hayot, à mes yeux, n'a pas d'intérêt personnel à faire défaut, il n'est pas malade; sa défense est prête. Ce n'est que dans l'intérêt des autres prévenus qu'il peut agir; ce n'est qu'une tactique de sa part, et rien de plus. Je le répète, l'interrogatoire de Hayot, dans l'instruction, est la charge la plus lourde pour ses co-prévenus. Je persiste dans mes conclusions.

Me Crémieux. — Le ministère public prétend qu'Hayot est d'accord avec nous. Mais non, il n'est pas d'accord avec nous. Il ne peut pas l'être, puisqu'il est à la Conciergerie et que nous sommes à Mazas.

Maintenant je vous ferai remarquer que huit jours, c'est bien long !

Et d'abord, s'il y a accord entre nous, rien ne changera à la situation. Nous serons d'accord dans huit jours comme nous sommes d'accord aujourd'hui. — Mais, que vous importe, du reste, ce défaut ? Hélas, en police correctionnelle même, on peut prendre les pièces écrites et s'en servir dans le débat. Vous aurez même un avantage réel.

M. l'Avocat impérial. Nous ne voulons pas de ces avantages.

Me Crémieux. Je veux dire qu'Hayot n'étant pas là, nous

ne pourrons pas le contredire, et que ses dépositions écrites resteront contre nous. Pourquoi donc demander la remise? Nous promettez-vous qu'Hayot viendra la semaine prochaine? mais vous ne le pouvez pas. Eh bien! alors, jugez-nous tout de suite.

M. le Président. Le Tribunal se retire pour en délibérer.

Au bout d'un quart d'heure, le Tribunal rentre dans la salle d'audience, et M. le Président prononce le jugement suivant :

« Le Tribunal, après en avoir délibéré conformément à la loi,

« Attendu que le droit de faire défaut, qui appartient à Hayot, ne saurait préjudicier à ses co-prévenus qui demandent à être jugés contradictoirement,

« Donne défaut contre Hayot, dit qu'il sera éloigné de l'audience et réintégré, et ordonne qu'il sera passé outre aux débats. »

Hayot est emmené hors de l'audience.

M. le Président. Il n'y a pas d'opposition? Je vais procéder à l'interrogatoire.

Me Maillard. Je demande à déposer des conclusions tendant à l'incompétence du Tribunal.

Me Maillard se lève et lit les conclusions suivantes au nom de MM. Naquet, Adel, Verlière, Godichet, Las, Chouteau et Méili.

« Plaise au Tribunal,

« Attendu que l'infraction qualifiée société secrète, reprochée aux prévenus, est punie par l'article 13 du décret du 28 juillet 1848 de peines correctionnelles, et par l'article 2 du décret du 8 décembre 1851, de la transportation;

« Attendu que la transportation est une peine criminelle; que dès lors les tribunaux criminels seuls peuvent en connaître;

« Se déclarer incompétent. »

Je vais développer, Messieurs, en peu de mots, ces conclusions.

Les individus reconnus coupables de société secrète peuvent être, aux termes de l'art. 13 de la loi du 28 juillet 1848, punis de peines correctionnelles et aux termes de l'art 2 du 8 décembre 1851, transportés dans les colonies pénitentiaires, à Cayenne ou en Algérie, pour cinq ans au moins et dix ans au plus. Or, la transportation étant une peine criminelle, les tribunaux criminels sont donc seuls compétents pour connaître de l'infraction qualifiée société secrète.

Il est facile de démontrer que les peines portées par l'art. 13 de la loi du 28 juillet 1848 sont des peines correctionnelles. En effet, aux termes des articles 9, 40 et 41 du Code pénal, les peines édictées par le Code pénal consistent pour le condamné à être enfermé pendant cinq ans au plus dans une maison de correction et à être employé dans cette maison à des travaux de son choix; à l'interdiction de certains droits civiques, et enfin à l'amende.

Quant aux peines criminelles, elles sont afflictives et infamantes : ce sont la mort, les travaux forcés à perpétuité, la déportation, les travaux forcés à temps et la réclusion; ou simplement infamantes, comme le bannissement et la dégradation civique.

Or, la transportation consiste, aux termes des articles 1, 2 et 7 du décret du 8 décembre 1851, dans le fait de transporter le condamné dans une colonie pénitentiaire, à Cayenne ou en Algérie, pour cinq ans au moins et dix ans au plus; pendant ce temps, le condamné est privé de ses droits civils et politiques; il est soumis à la juridiction militaire; les lois militaires lui sont applicables; dès lors, on doit reconnaître que la situation qui est faite au condamné est la même que celle faite au condamné à la déportation, avec cette seule différence que la peine ici est temporaire; mais on doit reconnaître qu'elle est plus sévère que celle du bannissement et de la dégradation civique; donc on doit reconnaître alors que la transportation est une peine criminelle.

M. l'Avocat impérial. Je reconnais parfaitement que la transportation est une peine criminelle.

Me Maillard. M. le substitut reconnaît que la transportation est une peine criminelle. Il me reste alors à démontrer que les tribunaux criminels sont seuls compétents pour la prononcer.

Or, c'est un principe de notre droit pénal que le degré de juridiction est fixé par la nature de la peine à prononcer; ce principe, il est écrit dans les articles 1 du Code pénal et 130 et 133 du Code d'instruction criminelle.

Mais dans l'espèce, dira-t-on que l'administration peut seule appliquer cette mesure? Nous pensons que cela est une erreur. Jamais l'administration n'a le droit de prononcer une peine et de l'appliquer; seuls les tribunaux peuvent appliquer les peines. Cela résulte du principe de la séparation des pouvoirs, admis par tout le monde aujourd'hui. Ainsi que l'a dit Montesquieu : « Il n'y a pas de liberté si la puissance du juge n'est pas séparée de la puissance législative et de l'exécutrice. Tout serait perdu si le même homme exerçait ces trois pouvoirs : celui de faire des lois, celui d'exécuter les résolutions publiques, et celui de juger les crimes et les différends des particuliers. »

Ce principe est inscrit tout au long dans l'article 1er de la Constitution de 1852 : « La Constitution reconnaît, confirme et garantit les grands principes proclamés en 1789, et qui sont la base du droit public des Français. »

Et j'ajoute que ce principe de la séparation des pouvoirs a été reconnu par tous les gouvernements qui se sont succédé dans notre pays. A côté des tribunaux ordinaires, ces tribunaux exceptionnels que nous avons vus organisés plusieurs fois, ont eu toujours le droit d'appliquer la peine en même temps que le devoir de constater la culpabilité. Ainsi, le tribunal révolutionnaire de 1793, ainsi les Cours prévotales de 1810 et 1814; ainsi les Commissions de 1848 où siégeaient des magistrats de la Cour à côté des militaires.

Mais, en admettant même, pour un instant, que l'administration puisse prononcer la transportation, le Tribunal doit encore se déclarer incompétent.

En effet, la transportation devient impossible si le Tribunal a acquitté, et ne peut être prononcée que si le Tribunal a condamné.

On n'en devrait donc pas moins reconnaître que, même dans ce cas, il serait du devoir des tribunaux de se préoccuper des suites de leur jugement, suites se traduisant par la transportation. En effet, cette mesure devenant impossible en cas d'acquittement et ne pouvant être appliquée aux termes du décret du 8 décembre 1851 qu'au cas où le prévenu aurait été reconnu coupable, on ne saurait admettre que le tribunal n'ait pas à se préoccuper d'une mesure qui serait la conséquence directe de son jugement.

Le tribunal, en reconnaissant un prévenu coupable de société secrète, le constitue par ce seul fait en état de pouvoir être transporté et le livre au pouvoir exécutif qui n'a plus que le jour et l'heure à fixer pour que le condamné soit transporté en Algérie ou à Cayenne. Ce serait donc une véritable *capitis diminutio* qui placerait le condamné dans la situation la plus précaire, le mettrait hors la loi et lui enlèverait dans son pays toute liberté d'action et toute sécurité.

Ainsi donc, même en admettant pour un instant que la transportation puisse être prononcée par l'administration, on n'en devrait pas moins dans ce cas affirmer que les tribunaux ont le devoir de s'en préoccuper et dès lors, les tribunaux criminels seuls devraient en connaître.

Vous vous déclarerez donc incompétents, Messieurs. Je n'insiste pas davantage.

M. L'AVOCAT IMPÉRIAL. Je ne me suis pas étonné tout à l'heure qu'on voulût maintenir l'affaire à l'audience, mais maintenant, je m'étonne d'avoir entendu plaider sérieusement la question de droit qui vient de se poser devant vous. Cela a déjà été jugé plusieurs fois. Me Maillard a dit que la transportation était une peine criminelle, et que les tribunaux criminels seuls pouvaient connaître d'affaires entraînant cette peine. Je veux écarter tout ce qui pourrait embarrasser inutilement la discussion; c'est pour cela que je n'ai pas hésité à reconnaître que la transportation était une peine criminelle, quand elle était prononcée par les tribunaux. Mais vous ne pouvez pas prononcer la transportation, vous ne pouvez prononcer que des peines correctionnelles. L'administration a le pouvoir, par décret, d'appliquer, vis-à-vis des individus reconnus coupables du délit, telle mesure administrative que la loi édicte. Dans un cas, c'est l'obligation de quitter le territoire français ou le département de la Seine; dans un autre cas, c'est une autre obligation. Est-ce le tribunal qui décide jamais ces mesures? Pas le moins du monde.

Mais, supposez que les conclusions de Me Maillard soient adoptées, où ira-t-on, devant qui portera-t-on la cause? Devant le jury? Mais jamais les peines prononcées par la Cour ne pourraient dépasser, pour le cas d'un délit, les peines correctionnelles. De sorte que, devant le jury non plus, il n'y a pas de jugement possible. Cela n'est pas sérieux. Les tribunaux ne peuvent pas prononcer de peines qui excèdent leur compétence. Le délit est un délit correctionnel, tant que le tribunal ne peut appliquer que des peines correctionnelles. Cela est évident, et la discussion à laquelle je me suis livré était presque inutile. Vous retiendrez donc la cause, Messieurs, et vous vous déclarerez compétents.

Me Crémieux. Messieurs, en matière criminelle il n'y a pas de petites questions; dans cette discussion, la question la plus grave est soulevée, mais l'accusation peut-elle soutenir son système? Nous avons trois sortes de faits punissables: la contravention, le délit, le crime; on les distingue par la peine même qui les frappe; la contravention est frappée de peines de simple police, le délit de peines correctionnelles, le crime de peines afflictives ou infamantes. La peine de la transportation est une peine afflictive, elle frappe le crime; or la première règle de compétence criminelle, c'est qu'aucun tribunal ne peut prononcer une peine hors de sa compétence. Si donc on veut vous faire prononcer la transportation, la peine excède votre limite, vous êtes incompétents.

Point de difficulté sur le principe, mais le croirait-on? En matière criminelle, on établit votre compétence sur un jeu de mots: « Vous ne prononcez que l'emprisonnement, vous ne prononcez pas la transportation, et l'on ajoute : cette peine n'est d'ailleurs que facultative, l'administration peut ne pas l'appliquer. »

Messieurs, cette proposition est le renversement du droit. Voyons : une loi punit de l'emprisonnement les sociétés secrètes ; donc la police correctionnelle doit les juger, c'est incontestable.

Voici une loi postérieure qui déclare que le condamné pour société secrète peut, administrativement, être transporté à Cayenne ou en Algérie, pour cinq ans au moins, dix ans au plus.

Restez-vous compétents ?

Les deux lois n'en font plus qu'une ; elle est ainsi conçue : l'individu déclaré coupable pour avoir fait partie d'une société secrète sera puni d'un emprisonnement, et pourra, pour une durée de cinq ans à dix ans, être transporté à Cayenne ou en Algérie par l'administration. Et l'on veut que vous restiez compétents !

Quand vous condamnez un individu à un an de prison, évidemment vous êtes dans vos limites, mais quand cette condamnation emporte la transportation possible pour cinq ans ou pour dix ans, on a le courage de soutenir que vous ne condamnez qu'à un an de prison ! Non, non, la condamnation implicite équivaut à la condamnation écrite. C'est comme si vous écriviez dans votre jugement : tel est condamné à un an de prison, avec faculté à l'administration de le transporter pour dix ans, à Cayenne ou en Algérie. Est-ce clair ?

Quand on viendra saisir le condamné pour le transporter à Cayenne, ce sera en vertu de votre jugement. Sans votre jugement, on ne pourrait pas le transporter. Comment peut-on dire que ce n'est pas vous qui l'avez condamné ? Vous ne prononcez pas la peine. Qu'est-ce à dire ? Quand la peine que vous prononcez renferme l'autre implicitement, on joue sur les mots, on soutient que vous ne la prononcez pas. Mais de cet homme qui doit être puni par un an de prison, vous permettez qu'on fasse un transporté. Cette peine que l'administration exécute, comme elle exécute d'ailleurs toutes les peines, — la justice prononce les peines, l'administration les exécute ; — cette peine, dis-je, est la conséquence de votre jugement. Oui, si vous me condamnez à huit jours de prison, vous ne me condamnez pas seulement à huit jours de prison, vous me condamnez aussi à cinq ans, à dix ans de transportation à Cayenne. Mais le gouvernement peut user ou ne pas user de cette mesure ; la transportation n'est qu'un peut-être. Eh bien, vous me condamnez à subir la transportation sur la volonté du gouvernement; mais encore une fois, c'est votre jugement qui lui confère ce pouvoir, qui l'autorise à exécuter sa volonté. Son droit de transportation, il le tient de vous. Que parlez-vous de peut-être ? Quand les gouvernements veulent pouvoir exercer un droit, c'est qu'ils veulent l'exercer, ce droit. C'est à eux surtout qu'il faut appliquer la maxime : *idem est jus habere aut rem.* Une peine politique, vous pouvez penser que le gouvernement n'en fera peut-être pas usage ! contre des ennemis politiques! Allons-donc ! En condamnant à l'emprisonnement pour société secrète, vous condamnez à la transportation. Oui, votre jugement se traduit ainsi : cet homme que je condamne à un mois de prison, je vous autorise à le transporter à Cayenne pour cinq ans, même pour dix ans. Cette transportation, peine politique s'il en fut jamais, je voudrais vous l'enlever, à vous, juges, si je le pouvais. Mais je ne le puis pas. Un jour j'ai pu les enlever, ces décisions politiques, aux Tribunaux; ce jour là je fus heureux. Ah ! la politique ! lorsqu'elle se mêle aux décisions des juges, lorsqu'elle vient troubler le calme de leur délibérations, comme elle les entraîne vite à une foule de conséquences désastreuses. Voyez, messieurs, et jugez ce que vaut la politique en justice régulière !

Mais le jury ne peut pas prononcer des peines correctionnelles. Cela n'est pas exact : depuis qu'il est nanti des circonstances atténuantes, le jury peut prononcer des peines correctionnelles. Du reste, votre peine correctionnelle n'est qu'une illusion, qu'un leurre ; la vérité, ce sont vos dix ans de transportation à Cayenne.

Donc, en vertu de votre jugement, les hommes qui sont

là, seront transportés à Cayenne. Eh bien, cette transportation, la voulez-vous ?

Le ministère public ne la réclamerait certes pas. Eh bien ! si vous ne vous déclarez pas incompétents, il faut que vous acquittiez, il n'y a pas de milieu. Condamnés, vous les envoyez à Cayenne.

Et qu'est-que je parle de transportation ! Il faut, sur une si grave question de principes, aller jusqu'au bout.

Le décret, au lieu d'édicter la transportation, est ainsi conçu :

« Tout condamné pour société secrète, pourra être envoyé administrativement aux galères pour cinq ans au moins, dix ans au plus. »

Ces hommes, condamnés par vous à l'emprisonnement pour société secrète, iraient aux galères en vertu de l'autorisation que votre jugement donnerait à l'administration, et l'on soutiendrait encore que vous avez compétemment prononcé !

Attendez, le fatal décret porte ces mots :

« Tout condamné pour société secrète, comme chef, pourra être frappé de la peine de mort par l'administration. » Voilà deux ou trois hommes condamnés comme chefs d'une société secrète à trois ans d'emprisonnement ; un jour, vient un agent se présenter à leur prison, et on leur dit : Rendez-vous à la chapelle ; vous serez conduits de là à l'échafaud.

Vous vous récriez : c'est impossible ! Jamais !—Jamais, en matière politique ! Vous n'y songez pas ! Les fureurs politiques, juste ciel, où s'arrêtent-elles ? La loi les autoriserait, et vous vous figurez qu'on délaisserait la loi !

Non, non ; en vertu de votre jugement d'autorisation, non de condamnation, comprenez-vous, Messieurs ; en vertu de votre jugement, l'exécuteur des hautes-œuvres accomplirait contre eux son horrible tâche, et vous, vous dormiriez paisiblement sur votre oreiller en vous disant : Je n'ai condamné ces hommes-là qu'à trois ans de prison ! C'est impossible ! Mais sans exagérer la loi, n'est-il pas certain que vous autorisez la transportation, si vous vous déclarez compétents et que vous condamniez à l'emprisonnement. Messieurs, vous êtes compétents pour prononcer la prison, non pour autoriser lapeine de mort, ou les galères, ou la transportation. La transportation, peine affreuse, plus épouvantable souvent que toutes les autres ! Allons, Messieurs, ces choses là ne se discutent pas, elles se sentent dans la conscience.

Les magistrats sont la sauvegarde de tous les droits que possède une nation ! Nous nous adressons à vos consciences, prononcez ; quand nous avons tenté de vous éclairer nous n'avons plus qu'à vous laisser faire. Un mauvais jugement ne serait qu'une erreur; mais nous n'avons pas à le craindre. Dans le cas présent, la loi, Messieurs, vous enlève heureusement l'examen et la décision de cette malheureuse affaire. Je conclus avec confiance à l'incompétence du Tribunal.

Le Tribunal se retire pour en délibérer. Il fait sa rentrée dans la salle au bout d'un quart-d'heure, et le président lit le jugement suivant :

« Le Tribunal, après en avoir délibéré conformément à la loi,

« Attendu qu'aux termes de l'article 13 de la loi du 28 juillet 1848, ceux qui seront convaincus d'avoir fait partie d'une société secrète seront punis d'une amende de 100 à 500 francs, d'un emprisonnement de six mois à deux ans, et de la privation des droits civiques pendant un an au moins, et cinq ans au plus,

« Attendu que la nature et la quotité des peines ainsi édictées, et que le Tribunal peut seul prononcer, déterminent sa compétence,

« Que dans aucun cas, il ne peut avoir à appliquer les dispositions du décret de 1851, qu'il ne saurait donc être invoqué comme règle de ladite compétence,

« Déclare Naquet, Adel, Verlière, Godichet, Las, Chouteau, Meili mal fondés dans leur demande à fin de renvoi devant la chambre des mises en accusation, les en déboute, ordonne qu'il sera passé outre aux débats et condamne Naquet, Adel, Verlière, Godichet, Las, Chouteau, Meili aux dépens de l'incident. »

M. le Président. — On va procéder aux interrogatoires des prévenus, s'il n'y a pas d'opposition.

Interrogatoire d'Acollas.

D. Acollas, levez-vous. Vous êtes prévenu d'avoir pratiqué des manœuvres à l'intérieur dans le but de troubler la paix publique et d'exciter à la haine et au mépris du gouvernement, notamment d'avoir introduit en France, spécialement à Paris, trois proclamations.

Huissier, faites enfermer les témoins dans leur chambre.

Je reprends : Trois proclamations, commençant l'une par ces mots : « *La France ne s'appartient plus* » ; la seconde, par ceux-ci : « *Il y a seize ans, la République a été nuitamment égorgée* » et la troisième par ceux-ci : « *Le règne de Bonaparte commence par le crime.* »

Ces proclamations, arrivées chez vous, auraient été distribuées par vos soins, et deux de vos co-prévenus en auraient eu entre les mains : l'un même en aurait été trouvé encore nanti.

R. Je nie catégoriquement toute participation à l'introduction en France de ces proclamations. Elles ont été déposées chez moi, en mon absence, et je n'ai rien fait pour les distribuer.

D. Vous avez pourtant ouvert un paquet renfermant ces trois proclamations. Que sont-elles devenues après votre arrivée chez vous ?

R. Ces proclamations, une fois arrivées chez moi, y sont restées. Un de mes co-accusés en a pris quelques-unes ; j'ai brûlé les autres.

D. C'est Hayot. Vous le connaissiez ? Il vous avait été présenté ?

R. Je ne le connaissais pas.

D. C'est avec votre consentement que ces proclamations ont été prises par lui ?

R. Oui, sans doute.

D. D'autres proclamations auraient été envoyées par vous chez la mère de Hayot ?

R. Je n'en ai envoyé aucune chez la mère de M. Hayot.

D. Avez-vous connaissance des proclamations saisies chez Las?

R. Aucunement.

D. Hayot et Las s'étant rendus chez Naquet, auraient trouvé quelques personnes, notamment Verlière, qui mettaient ces proclamations sous enveloppes, de façon à pouvoir les envoyer par la poste. Qu'avez-vous à dire sur cette distribution?

R. Je suis absolument étranger à la réunion qui aurait eu lieu chez Naquet.

D. La veille, vous aviez reçu la visite de Hayot?

R. Parfaitement.

D. Pourriez-vous dire quel était l'objet de cette visite?

R. Il est venu me parler des services que pouvait me rendre son père, qui est tailleur. J'étais occupé; je l'ai congédié.

D. Hayot aurait entendu dire chez vous un autre jour qu'on attendait ces proclamations de Bruxelles.

R. J'affirme que ces proclamations ne m'ont jamais été annoncées.

D. Hayot et Las se sont livrés à des allées et venues nombreuses dans la journée du 11 novembre. Que savez-vous de leurs démarches? Hayot n'est-il pas allé chez vous ce jour-là?

R. Je ne connais pas du tout Las, et je n'ai eu avec lui, non plus qu'avec Hayot, aucun concert pour la distribution de proclamations. Hayot est venu deux fois chez moi, je ne sais plus à quelles dates.

D. Ainsi, vous déclarez que vous repoussez toute complicité avec les autres prévenus, quant à l'envoi des proclamations. Le Tribunal aura à rechercher l'intention qui aurait pu vous diriger. — Vous avez lu ces proclamations?

R. Oui.

D. Eh bien! ces proclamations, à raison même de leur contenu, étaient de nature à troubler la paix publique et à exciter à la haine et au mépris du gouvernement. Qu'en pensez-vous?

R. Si j'avais eu la pensée de faire une action politique

quelconque, je n'aurais pas choisi pour confident M. Hayot qui était un jeune homme et que je ne connaissais pas.

D. Vous ne m'avez pas compris. Je vous demande si, à raison même de leur teneur, ces proclamations ne vous ont pas paru de nature à troubler la paix publique?

R. Trois morceaux de papier ne pouvaient, selon moi, à ce moment, troubler la paix publique. Et quant à exciter à la haine et au mépris du gouvernement, les journaux de l'opposition ne font que cela tous les jours. J'ai toujours pensé que les délits de cette sorte étaient des délits insaisissables.

D. Vous parlez de papiers. Je vous ferai remarquer que la prévention appelle ces papiers des proclamations; leur distribution aurait eu lieu sur une grande échelle. Persistez-vous à trouver ces proclamations inoffensives?

R. A mon point de vue, oui. C'est une question de temps, de lieux et d'hommes.

D. Connaissez-vous vos co-prévenus?

R. Aucun, si ce n'est M. Naquet.

D. Et Hayot, qui vous aurait été présenté. — La prévention a dû rechercher vos antécédents politiques. Vous avez assisté au Congrès de Genève; vous y aviez une place spéciale; vous faisiez partie du bureau. Vous avez prononcé des discours qui ont été reproduits...

R. J'ai l'habitude d'affirmer hautement mes idées et mes actes.

D. ... Je vous demande seulement si ces discours ont été exactement reproduits et si vous avez à donner au Tribunal quelques explications relatives à ces faits?

R. Non, mes discours ont été à peu près fidèlement rapportés.

D. On a trouvé des lettres chez vous. Avez-vous quelque chose à dire à propos de ces lettres?

R. Je ne sais de quelles lettres vous parlez.

D. D'une entre autres, à la date du 25 juin, où se trouvent ces mots : insistons, insistons!

R. J'ai écrit et reçu beaucoup de lettres dans la période de juin à août; je ne puis me rappeler cette lettre sur sa date.

D. Quant à la saisie, vous ne faites aucune observation; et pour le contenu des lettres, vous ne vous le rappelez pas. Mais vous affirmez tout ce que vous auriez écrit?

R. Certainement.

D. Le jour de votre arrestation, une dame qui portait votre nom aurait demandé à quelqu'un des effets pour vous faire fuir?

R. Je n'ai aucune connaissance de cette démarche.

M. le Président. C'est bien, asseyez-vous.

Interrogatoire de Naquet.

M. le Président. Naquet, vous ètes prévenu d'un double délit: de manœuvres à l'intérieur dans le but de troubler la paix publique et d'exciter à la haine et au mépris du gouvernement, et d'affiliation à une société secrète. Sur le premier délit, la prévention vous reproche d'avoir participé d'une façon très-active à la distribution des proclamations. Dans la soirée du 11 novembre notamment, un nombre considérable de ces proclamations furent disposées pour être mises à la poste, et Hayot et Verlière se seraient chargés de les envoyer. Une enveloppe contenant une de ces proclamations a été saisie chez vous. Dites au Tribunal ce qu'il y a de vrai dans la déposition d'Hayot.

R. J'oppose à cette déposition le démenti le plus formel. Le 11, Hayot m'a rencontré chez moi, et je sortis immédiatement après.

D. Le 10 novembre, vous avez reçu Hayot et Las chez vous?

R. C'est possible.

D. A quel titre receviez-vous ces visites?

R. Hayot avait amené Las chez moi. Quant à Hayot, je l'avais rencontré chez des amis. Il m'ennuyait beaucoup; il me parlait de procurer des clients à son père qui est tailleur.

D. Ainsi ces visites ne touchaient que les choses ordinaires de la vie. — Voulez-vous vous expliquer sur l'enveloppe saisie chez vous et qui contenait une proclamation?

R. J'ignore complétement comment cette enveloppe avait

été mise là. Je ne puis attribuer ce fait qu'à un ami imprudent ou plus probablement à un ennemi malveillant. Mon bureau est toujours ouvert.

D. J'aborde le second chef de prévention, celui de la société secrète. Vous êtes allé au Congrès de Genève, vous avez prononcé des discours. Quelles observations avez-vous à faire sur les bulletins qui en ont rendu compte ?

R. Les opinions qui y sont émises sont bien les miennes ; je les affirme hautement.

D. On a saisi chez Chouteau, dans sa cave, enfermés dans un étui en zinc, les statuts d'une société secrète intitulée *Commune révolutionnaire des Ouvriers français,* statuts affirmant la démocratie ouvrière, la république, l'athéisme et le matérialisme. Connaissiez-vous ces statuts?

R. J'y étais parfaitement étranger.

D. Il résulte de l'instruction que vous étiez en relation avec les hommes désignés par la prévention comme étant les membres de cette société secrète, dont le système était, dit-on, de fractionner les réunions de ses adhérents. Vous auriez été plusieurs fois dans ces réunions ?

R. Je ne suis allé qu'une fois, à ma mémoire, chez Chouteau, simple visite d'ami.

D. Dans votre interrogatoire, en déclarant que vous aviez connu Chouteau par l'entremise de quelqu'un, resté inconnu, vous reconnaissiez que vous vous étiez réuni parfois avec lui, et que d'autres fois vous l'aviez rencontré sur la voie publique, et que vous aviez causé politique avec lui.

R. C'est possible. On parle tant politique aujourd'hui qu'évidemment nous avons dû parler politique ces fois là ; mais il ne s'agissait aucunement de société secrète.

D. Vous étiez à une réunion chez Mayer, le marchand de vins, vous l'avez avoué ?

R. Oui, j'ai avoué y être allé. Et voici même ce que j'ai dit à propos de cette réunion : « Quelqu'un ayant dit que, pour causer de certains sujets, il fallait se réunir en plus grand nombre, j'ai combattu ce semblant de germe d'association. » Voilà ce que j'ai dit à l'instruction.

M. l'Av. imp. Vous avez dit : « Plus tard, j'ai su que

Godichet voulait former une association, j'ai combattu cette idée. »

R. C'est la même chose.

M. le Présid. L'instruction a constaté qu'au 16 octobre, les membres de la société secrète avaient fait une expérience au siége de la société avec certaine poudre qui avait fait explosion, en causant dans le quartier une certaine émotion. Est-ce vous qui aviez fourni la recette de cette poudre ?

R. Je n'ai eu connaissance de cette explosion que depuis mon arrestation.

D. Est-il vrai alors qu'à une époque indécise vous ayez délivré à Chouteau une recette pour fabriquer de la poudre? Voulez-vous vous expliquer sur ce point ?

R. Si mes souvenirs ne me font pas défaut, je crois que Chouteau voulait préparer du collodion. Si j'avais voulu fabriquer de la poudre, j'aurais pu la fabriquer moi-même avec les moyens dont je dispose comme professeur de chimie, sans le moindre embarras. Du reste, cette recette se trouve partout, dans tous les traités de chimie.

D. A quelle date placez-vous ce fait ?

R. C'est le 5 novembre que j'ai délivré cette formule. J'ai à ajouter que je suis resté absent pendant un certain temps de Paris, et que notamment je n'y étais pas à la date du 16 octobre.

M. l'Av. imp. C'est bien. Je me rallie à votre affirmation et reconnais votre date. C'est donc le 5 novembre.

D. Un revolver a été saisi chez vous. A quelle occasion aviez-vous cette arme ?

R. J'aime beaucoup ces petites armes. J'ai acheté celle-ci l'année dernière à mon concierge qui était armurier.

D. C'est vous qui avez introduit Hayot chez Acollas ?

R. Oui. Etant un jour avec Hayot dans la rue, et ayant à monter chez Acollas, je suis monté avec lui. Je connaissais Hayot depuis six mois. Je ne le présentais pas, je l'emmenais avec moi. Voilà tout.

M. l'Av. imp. A propos de l'enveloppe saisie, reconnaissez-vous avoir écrit certaine adresse au Dr Vidard, à Divonne?

R. Parfaitement ; ceci était une lettre particulière. Mais je n'ai écrit aucune adresse renfermant sous pli des proclamations.

M. le Pr. Soyez assis.

Interrogatoire de Las.

D. Las, vous êtes prévenu de manœuvres à l'intérieur dans le but de troubler la paix publique et d'exciter à la haine et au mépris du gouvernement, et en outre d'affiliation à une société secrète. On vous reproche, dans la journée du 10, d'avoir été très-actif, et vos visites chez Naquet, avec Hayot, indiquaient que quelque chose se préparait. Dans la journée du 11, des visites également très-actives dans différents quartiers, vous donnent un rôle très-prononcé. Enfin, vous étiez nanti d'un grand nombre de proclamations, et vous êtes entré dans un café de la rue Phélippeaux, où vous auriez développé et lu ces proclamations. Dans la soirée, vous vous seriez rendu avec Hayot chez Naquet, où vous auriez travaillé à la distribution de ces proclamations. Qu'avez-vous à dire là-dessus ?

R. Je m'en réfère à ce que j'ai dit dans l'instruction.

D. Il faut répéter ici ce que vous avez dit à l'instruction. Le Tribunal, sauf le président, ne sait rien de l'instruction ; il n'est éclairé que par les débats contradictoires qui ont lieu devant lui.

R. Le 10, M. Hayot est venu chez moi ; je le connaissais par des rapports de commerce. Il me dit : « Si vous voulez, nous irons voir demain quelques camarades. » Le lendemain, j'avais un peu bu, ce qui ne m'arrive jamais, j'avais *lichotté*, comme on dit ; nous sommes allés chez plusieurs personnes, mais je ne me rappelle rien. Au café nous avons développé des factures, des notes, des copies, mais non des proclamations. Le même soir, je me suis rendu chez Hayot qui était pour moi un camarade. Je suis donc allé le trouver ; nous avons fait un peu la noce, et en rentrant chez moi, j'ai trouvé ces proclamations dans ma poche. Qui les y avait mises ? C'est ce qu'il me serait impossible de dire. Quand on les a trouvées chez moi, je ne savais pas encore ce qu'elles contenaient.

D. J'apprécie votre moyen de défense. Mais il y a au débat, dans le dossier, une pièce intitulée : *Proclamation au peuple* et signée : *Un ami du peuple*. L'expert que vous entendrez tout à l'heure, a déclaré que cette pièce était de votre écriture, bien que l'écriture en fût déguisée.

R. L'expert se trompe.

D. Lors de l'arrestation de Chouteau, il est arrivé chez lui une lettre contenant une missive écrite et une proclamation. L'expert, consulté, a déclaré que l'adresse et la missive étaient bien de votre main.

R. Je n'ai rien mis à la poste; je n'aurais pas été assez simple pour mettre rien de ce que j'aurais su d'aussi compromettant à la poste.

D. Soit ! Mais, dans cette lettre, il était dit qu'il fallait distribuer tout de suite; et que plus tard, ce serait trop tard. Enfin, vous repoussez les conclusions de l'expert d'une manière absolue ?

R. Oui.

D. Qu'auriez-vous à dire sur les autres points ?

R. Rien.

D. Arrivons alors au délit de société secrète. Connaissiez-vous la société secrète ?

R. Non, nullement.

D. Connaissez-vous Chouteau ?

R. Je le connais seulement d'aujourd'hui, comme ceux qui sont ici. Je n'avais vu ces Messieurs qu'une fois chez moi, lorsque je donnais des séances de magnétisme avec l'aide d'Hayot. Hayot faisait des passes magnétiques et amusait beaucoup son monde.

D. Ces séances étaient publiques ?

R. Ces séances ont eu lieu trois ou quatre fois.

D. Elles étaient publiques et gratuites ?

R. Oui, Monsieur.

D. Vous y avez vu ces Messieurs?

R. Je crois les avoir vus comme d'autres, mais j'ignorais leurs noms.

D. Il résulte des dépositions recueillies dans l'instruction, que vous auriez assisté à treize réunions de la Société ? Des réunions partielles étaient fixées chez Chouteau le mercredi. D'après les surveillances dont vous avez été l'objet, votre présence aurait été constatée à treize de ces réunions.

R. Je ne le nie, ni ne l'affirme : je n'en sais rien. J'allais souvent chez ces Messieurs pour des relations quelconques.

D. Et la réunion du 16 octobre, en avez-vous connaissance, ainsi que de l'accident qui a eu lieu ce jour là ?

R. Je ne me rappelle pas plus spécialement ce jour que les autres ?

D. En résumé, vous dites que vous avez pu voir Chouteau, mais simplement sous des relations commerciales ou à propos de séances de magnétisme ? Vous expliquez ces visites par les circonstances ordinaires de la vie ?

R. Oui, Monsieur le Président.

D. Auriez-vous quelque chose à dire sur une pièce qui aurait été transmise par vous à Verlière de la part de Chouteau ?

R. Je neconnais pas cette pièce.

M. le Prés. — C'est bien. Soyez assis.

Interrogatoire de Verlière.

D. Verlière, vous êtes prévenu de manœuvres à l'intérieure dans le but de troubler la paix publique et d'exciter à la haine et au mépris du gouvernement ; et de plus, d'affiliation à une société secrète. Connaissez-vous ces proclamations dont il est question ? Répondez d'une manière générale.

R. Je n'ai eu connaissance de ces proclamations que le jour où M. de Gonet m'a montré ces pièces saisies chez mes coprévenus.

D. Eh bien ! le 10 novembre êtes-vous allé chez Naquet, y avez-vous rencontré Las, Hayot ; êtes-vous sorti avec eux, et avez-vous passé la journée avec eux ?

R. Je suis allé le dimanche chez M. Naquet : il n'y avait personne chez lui. Il m'a reçu pendant quelques minutes seulement. En sortant, j'ai rencontré MM. Las et Hayot sur le boulevard Montparnasse, et nous sommes allés déjeuner ensemble.

D. Ainsi vous expliquez les relations de ce jour par les circonstances ordinaires de la vie. Le 11, êtes-vous allé chez Acollas, et le soir chez Naquet pour distribuer des proclamations ?

R. Je ne suis pas allé chez M. Acollas ; le soir, j'ai rencontré M. Naquet qui rentrait chez lui.

D. Ainsi, vous affirmez que vous n'avez participé à aucune distribution de proclamations ?

R. Je l'affirme.

D. Hayot prétend que, le 11 novembre, il s'est présenté avec les autres chez Naquet, et qu'il vous a trouvé déjà occupé à ce travail; que vous êtes sortis tous deux ; qu'un sentiment quelconque l'a fait hésiter, et qu'enfin vous auriez accepté le rôle de distribuer ces proclamations ; et ce qui rend cette allégation vraisemblable, c'est que le lendemain il n'en était pas saisi une seule chez vous ?

R. Je n'étais pas monté chez Naquet ; donc je ne pouvais mettre rien chez lui sous enveloppe. Je dis que M. Hayot en a menti. Je n'ai reçu aucune proclamation. Si je les avais eues, on m'aurait vu les mettre à la poste, ou on en aurait saisi chez moi.

D. Vous venez de vous exprimer sur le compte d'Hayot ; on a saisi une lettre qui est au dossier, lettre adressée à Léonie, et dans laquelle vous disiez d'Hayot : « Pourvu qu'il supporte cette épreuve ! » Expliquez-vous là-dessus ?

R. C'est bien simple. J'arrive à la Préfecture de police ; j'y rencontre M. Naquet, et dans le lointain, j'aperçois M. Hayot. Je me croyais arrêté d'abord pour les dix mois de prison auxquels j'avais été condamné. Point, on m'apprend qu'il s'agit d'une autre prévention à laquelle je suis mêlé. Alors j'aperçois Hayot tout effaré ; je me dis que c'est un garçon qui parle politique à tort et à travers, et je me suis dit : « Comment supportera-t-il cette épreuve? Pourvu qu'il ne dise pas de bêtises ! » Si j'avais su à ce moment que c'était M. Hayot qui dût faire des déclarations aussi prolixes qu'il en a faites, vous comprenez que je me serais bien gardé de parler de lui.

D. On a saisi chez vous une pièce portant comme en tête: *Section de Brutus?*

R. C'est une section de la bibliothèque impériale; on aurait pu facilement le faire vérifier. Je ne comprends pas qu'on ne l'ait pas déjà fait.

D. C'est bien. C'est dans votre intérêt que je vous adresse ces questions; je ne vous demande qu'à éclairer le Tribunal. Voici par exemple une liste de dix-neuf noms qui a été saisie chez vous. Quels étaient ces noms?

R. Lorsque j'ai publié cette malheureuse brochure qui m'a valu une condamnation devant vous, j'ai voulu l'adresser aux personnes que cela pouvait intéresser. C'est M. Morin qui m'a fourni ces noms. La lettre où il me les envoie, doit exister encore chez moi.

D. J'arrive maintenant à la liste des condamnés à mort par le tribunal révolutionnaire. Je lis dans une note écrite par vous: «La moyenne ne dépasse pas 4 par jour.»

Verlière. — 4 et une fraction.

M. le Président. — Oui, et une fraction!...

Et plus bas: « Ce nombre n'égale pas celui des victimes de la tyrannie. » C'est là une singulière annotation.

R. Dans notre jeunesse, on nous parle des massacres horribles faits pendant la Révolution; je fais le compte et je le mets en regard des victimes faites par la religion et la tyrannie, et je dis: « C'est bien peu! » C'est une observation d'histoire. Voilà tout.

D. Arrivons au délit de société secrète. Vous êtes signalé par la prévention comme le lien entre la partie ouvrière et la partie savante, entre le peuple et les écoles. Avez-vous eu connaissance de la société secrète Chouteau, Godichet et compagnie?

R. Je puis affimer qu'il ne se trouve pas plus de société secrète dans ce document que nulle part ailleurs. J'ai dit à Chouteau: « Tu as tort de conserver cela; un jour ou l'autre, on s'en servira contre nous. » Vous croyez, Messieurs, que c'est un document de société secrète; moi, j'affirme que ce n'en est pas un. J'avais connaissance de ce document, mais non des statuts que je n'avais pas lus.

D. Connaissiez-vous notamment les articles 23 et 24 où il est dit :

« Art. 23. Il n'y a aucune scission entre les ouvriers et les étudiants. Les citoyens ouvriers marchent au même but que les étudiants, et leurs hommes sont les mêmes...

Art. 24. Les étudiants pourront correspondre avec les citoyens ouvriers s'ils le jugent convenable par l'intermédiaire du comité révolutionnaire ouvrier qui leur donnera tous les renseignements dont ils auront besoin. »

R. Je n'ai pas plus connaissance de ces articles que des autres. Je n'ai connu ni les articles ni le titre; sans cela, j'aurais insisté plus fortement encore pour qu'on détruisît cette pièce.

D. Connaissiez-vous les considérants de cette société?

R. Point du tout. Je ne connaissais pas une ligne de ce document. Je l'ai vu à distance, mais je n'en ai pas pris connaissance.

D. Cette société, dit la prévention, a fonctionné; elle a eu des réunions. Avez-vous assisté à quelques-unes de ces réunions?

R. Jamais.

D. Vous n'êtes jamais allé chez M. Las?

R. Si, je suis allé chez M. Las qui s'occupait beaucoup plus de passementerie que de politique.

D. Mais, d'après les témoins que vous entendrez, votre présence aurait été constatée à ces réunions; le 10 et le 11 novembre chez Naquet, la troisième fois chez Las.

M. l'Avocat impérial. — Vous avez assisté à une réunion chez Chouteau, le 23 septembre.

R. J'ai fait ce jour-là une visite à Chouteau qui a été très-étonné de me voir.

M. l'Avocat impérial. — Reconnaissez-vous y avoir rencontré Hayot et d'autres prévenus?

R. Oui.

M. l'Avocat impérial. — Reconnaissez-vous avoir été le

26 septembre, un jeudi, chez Las, en compagnie de Hayot, de Chouteau et de Godichet?

R. J'ai trouvé ces messieurs chez Las.

M. le Pr.—Le 4 novembre, étiez-vous sur le boulevard Bonne-Nouvelle?

R. Non.

D. Voulez-vous donner des explications sur un billet qui porte les initiales : A. V. C. H.

R. J'avais promis à Chouteau d'aller le voir afin de lui faire détruire ce document, puis j'ai réfléchi que je pouvais donner ce conseil à Chouteau, aussi bien autre part que chez lui, et je lui ai écrit.

D. N'aviez-vous pas accepté la mission d'entendre Godichet, à raison de certaines calomnies qui avaient cours entre vous?

R. J'ai reçu une lettre de ce monsieur dans laquelle il me priait de vouloir bien lui faire l'amitié de le recevoir, pour se justifier de la possession des papiers qu'il avait entre les mains. Il m'a promis formellement de détruire ce document et d'engager Chouteau dans le même sens.

D. Vous avez été condamné à six mois de prison pour outrage à la morale publique et religieuse?

R. Oui.

M. l'Avocat impérial.—Un billet adressé à Chouteau est attribué par l'expert à Verlière. Ce billet est ainsi conçu : « Distribuez cela dans la nuit sans faute; sans cela il ne sera plus temps. » Un autre billet est attribué à Las ; je dois dire que le billet attribué à Verlière l'est attribué par l'expert d'une façon moins affirmative.

R. Je nie formellement être l'auteur de ce billet. Je ferai remarquer, de plus, qu'on ne m'en a pas parlé dans l'instruction.

M. le Président. — Que la défense en prenne note. Asseyez-vous.

Interrogatoire de Chouteau.

D. Chouteau, vous êtes prévenu d'affiliation à une société secrète. Reconnaissez-vous l'existence de ses statuts ?

R. Oui.

D. Les avez-vous rédigés seul ou avec d'autres ?

R. Nous les avons rédigés tous ensemble.

D. Quels sont ceux qui les ont rédigés avec vous ?

R. Godichet, Hayot, Adel, Meili et les trois qui ne sont pas ici.

D. Quels sont ceux qui les ont signés ?

R. Les mêmes.

D. Reconnaissez-vous les statuts de la société qui avait pour nom : *Commune révolutionnaire des ouvriers français ?* Reconnaissez-vous son but, son lien avec les étudiants et les moyens qu'elle se proposait de mettre en œuvre ?

R. Ces statuts ont été signés par quelques uns de mes amis; mais, je dois le dire, à ma seule instigation ; si délit il y a, je suis le seul coupable.

D. Ces statuts ont été saisis chez vous. Qu'avez-vous à dire là-dessus ? Cette saisie a-t-elle été régulière?

R. M. Lagrange cherchait des armes, de la poudre et des balles, rien de plus.

D. Les statuts existant, la société existe-t-elle?

R. Non. Dès le lendemain, les statuts ont été retirés et enfouis. Il n'y a eu aucune existence de la société.

D. Le siége de la société avait été fixé chez vous, rue du Pressoir et rue de l'Orillon. Les réunions devaient avoir lieu tous les mercredis, sauf les cas d'urgence. Or, vingt-quatre réunions ont été constatées chez vous. La société n'était pas si enterrée que vous voulez bien le dire. Expliquez-vous sur ce fait.

R. Les agents ont toujours relevé la présence des hommes et ont passé sous silence la présence des femmes qui s'y trouvaient. Et vous savez bien qu'on ne parle pas politique devant des femmes.

D. Vous dites donc qu'il y avait des femmes dans vos réunions. De plus, vous ne les reconnaissez pas toutes ?

R. Non.

D. Donnez quelques explications au Tribunal sur cette lettre qui vous est arrivée pendant qu'on procédait à une perquisition chez vous ?

R. Cette lettre était sans signature et l'écriture m'en était complétement inconnue. C'était donc un ennemi qui me l'avait envoyée.

D. Que signifie cette liste de dix-huit noms saisie chez vous ?

R. C'étaient des camarades qu'un de mes amis qui se mariait m'avait prié d'amener à la noce, chacun devant payer son écot.

D. Le 16 octobre, il y a eu dans votre maison une explosion. Quelqu'un a dit qu'il s'agissait d'un pétard, un autre d'un fusil chargé avec de la poudre-coton. Que s'est-il passé réellement ?

R. Quoique ouvrier, je me suis toujours occupé de chimie ; ce jour-là je faisais une expérience de poudre-coton qui avait été mal faite, puisqu'elle avait été faite par moi. Elle a fait explosion à ma grande surprise.

D. S'il faut accepter les déclarations d'un de vos co-prévenus, Hayot, vous vous proposiez de fabriquer de la poudre pour avoir les munitions nécessaires à vos projets ; et vous ne vouliez reculer devant aucune manifestation violente.

R. Je nie formellement tout cela.

D. N'avez-vous pas reçu de Naquet la recette qui vous aurait été délivrée le 5 novembre ?

R. C'est moi qui l'avais demandée. Je voulais faire du collodion et le présenter à mes amis.

D. Le 2 novembre, il a été tenté une manifestation au cimetière Montmartre. Y étiez-vous ?

R. J'ai été remplir un devoir au cimetière Montmartre en portant une couronne sur la tombe d'un ami.

D. Le 15 novembre, il y a eu une manifestation sur le boulevard Bonne-Nouvelle. Y étiez-vous ? N'avez-vous pas rencontré sur ce boulevard des hommes dont les opinions sont bien connues?

R. Non, monsieur. Je ne crois pas.

D. Il a été saisi chez vous des capsules, un fusil à un coup, un fleuret démoucheté?

R. Voilà dix ans que j'ai acheté ce fusil. On l'a déjà vu dans de précédentes perquisitions qu'on a faites chez moi, et on ne me l'a pas pris. Quant au fleuret, c'est une dame qui me l'a donné.

D. Vous avez souvent été détourné de conserver ce document que vous aviez composé. Sur quoi portait ce conseil? Sur l'instrument ou sur l'acte même de faire une société, acte qui pouvait être mauvais et dangereux.

R. Ces conseils portaient sur le tout; à la fois sur le fond et sur l'instrument.

M. Le Président. — Soyez assis.

Interrogatoire de Godichet.

D. Godichet, vous êtes prévenu d'affiliation à une société secrète. Avez-vous pris part aux statuts; les avez-vous conseillés?

R. J'ai participé aux statuts; j'en connaissais le but. Je ne les ai pas rédigés, mais je les ai écrits de ma main. Du reste, nous y avons tous pris part également.

D. Ces statuts ont-ils fonctionné, et avez-vous pris part à ce fonctionnement?

R. La société n'a pas fonctionné. Elle a été abandonnée comme une chose imprudente et insensée; et pour ma part, je n'ai pris aucune espèce de part à un fonctionnement quelconque.

D. Cependant votre présence aurait été constatée vingt-trois fois à des réunions.

R. J'étais le pensionnaire de Chouteau, il était donc naturel que je sortisse de chez lui et que j'y rentrâsse. Les agents ne sont pas infaillibles dans leurs déductions.

D. Quel était le genre de ces réunions, d'après vous?

R. Je n'ai assisté qu'à deux ou trois réunions. On a d'abord projeté les statuts, à l'occasion de la question romaine. C'est sous l'empire des sentiments que soulevait en nous cette question que nous avons élaboré nos statuts. Le lendemain, nous étions encore dans les mêmes sentiments. Le surlendemain, nous avons reconnu notre imprudence et j'ai voulu détruire les statuts. Verlière m'y avait fortement engagé.

D. Étiez-vous le 2 novembre au cimetière Montmartre?

R. Non.

D. Et à la manifestation du boulevard Bonne-Nouvelle?

R. Non plus. J'ai pu passer cependant sur le boulevard; j'y passe tous les jours.

D. On a saisi une lettre chez vous. Que signifie-t-elle?

R. Cette lettre avait trait aux réunions de magnétisme. J'avais prié Goraud de mener quelques personnes à ces réunions assez intéressantes.

D. On a saisi chez vous un papier portant l'adresse de Manuel, rue Pierre-Levée.

R. On m'avait donné cette adresse pour aller le voir. C'est l'adresse d'un ami!

D. Mais est-ce l'adresse de Manuel qui a signé les statuts?

R. Parfaitement. Je ne connais que celui-là.

D. Et sur le billet Chouteau, quelles observations avez-vous à faire quant au contenu de cette lettre?

R. C'était un lendemain de paye, un dimanche, Chouteau était allé m'attendre dans le café de Constantine, et de peur que sa femme l'empêchât d'aller jouer au billard, il m'a écrit pour me donner rendez-vous.

D. Quelle est la signification d'une liste portant des noms connus?

R. C'est le double à peu près de la liste de pique-nique dont Chouteau vous a parlé.

D. On a saisi aussi une pétition à l'Impératrice qui avait pour but un secours de 1,000 francs?

R. Cette pétition a été formulée le 5 janvier. A cette époque, je ne m'étais jamais occupé de politique. J'ai fait cette demande pour faire secourir ma famille qui est pauvre et lui faire obtenir un prêt de 1,000 francs de la Société du Prince Impérial. Cette demande n'a pas abouti, parce que je ne pouvais trouver de caution qui pût répondre pour moi.

D. Le 16 octobre, il y a eu chez Chouteau une explosion. Qu'avez-vous à dire là-dessus?

R. C'est la première fois que j'en entends parler.

D. On prêtait à cette société dont on vous accuse de faire partie, un but caractérisé; on disait qu'elle ne reculerait devant aucun moyen, même le plus violent?

R. Par mon caractère et ma nature, je reculerais devant toute mesure sanguinaire.

D. Vous vous êtes servi à l'instruction d'une expression plus vulgaire, mais peut-être plus énergique: « Pas si sanguinaire que ça! » avez vous répondu.

R. Je maintiens ma réponse.

D. Y a-t-il eu des tentatives de la part de Verlière et d'Hayot pour empêcher cette association. Quels caractères cette insistance prenait-elle près de vous et de Chouteau?

R. On m'a dit de ne pas garder un document de pareille nature. Je l'aurais détruit, mais mes camarades consultés ont décidé à l'unanimité qu'il fallait le conserver, je n'ai pas pu m'y opposer.

Interrogatoire d'Adel, dit Manuel.

D. Adel, vous êtes prévenu d'affiliation à une société secrète. Avez-vous fait partie de cette société? On prétend que vous avez signé ses statuts. Les avez-vous signés?

R. Oui, je les ai signés.

D. Connaissez-vous Chouteau et Godichet? Et vous êtes-vous rendu aux réunions qui ont eu lieu chez Chouteau, cela, au nombre de neuf fois.

R. Je ne me le rappelle pas.

D. Étiez-vous au 2 novembre au cimetière Montmartre?

R. Non, monsieur.

D. Votre présence a été constatée chez Persil, le marchand de vin. Reconnaissez-vous y être allé?

R. Je ne me le rappelle pas.

D. Étiez-vous le 4 novembre au boulevard Bonne-Nouvelle ?

R. Je ne me rappelle pas.

D. On a saisi chez vous une liste de noms. Quels étaient ces noms ?

R. Je n'en ai pas connaissance.

D. Vous avez dit que c'étaient les noms des non-versants de votre société de secours mutuels ; le soutenez-vous ?

R. Oui, monsieur.

D. Pour signer les statuts, vous en avez dû prendre connaissance ?

R. Non, monsieur. Je ne sais pas lire.

D. Qui vous en a fait la proposition ?

R. M. Chouteau.

D. Et il ne vous a rien dit, il ne vous a pas expliqué ce que c'était ?

R. Non.

D. Vous reconnaissez être allé chez lui. Que s'y passait-il ? Dites-le au Tribunal.

R. On y faisait du *chimiste* et du *magnétiste*.

D. On y faisait du *chimiste* et du *magnétiste*, dites-vous. Et rien que cela ? On n'y parlait pas politique ?

R. Non, monsieur.

D. Vous ne savez rien de plus ?

R. Non, monsieur.

Interrogatoire de Meili.

D. Meili, vous êtes prévenu d'affiliation à une société secrète. Votre présence à ses réunions, chez Chouteau, a été reconnue huit fois ?

R. Oui, j'ai été là.

D. Vous avez signé ses statuts ?

R. Oui.

D. Qui vous a demandé de le faire ?

R. Quelqu'un qui m'a dit que c'était une société pour la paix publique, une société contre la guerre.

D. Alors vous avez cru signer une très-bonne chose.

Vous n'avez donc même pas lu ce qui était au commencement?

R. Non, monsieur.

D. Vous avez dit dans l'interrogatoire que vous n'y compreniez rien. Vous le soutenez toujours?

R. Oui, monsieur.

D. Mais vous avez bien compris que cette société devait se réunir chez Godichet et Chouteau; vous êtes allé chez eux?

R. Oui, monsieur.

D. Qu'est-ce qu'on y faisait?

R. Godichet donnait des leçons de français, et puis on y lisait des journaux.

D. On y faisait donc autre chose que de donner des leçons de français?

R. Oui, des fois on faisait autre chose.

D. Le 18 septembre, ou à une autre date, n'y a-t-on pas lu les statuts, et n'a-t-on pas nommé un comité?

R. Je ne comprends pas bien.

D. A un certain jour, a-t-on donné lecture des statuts?

R. Oui, monsieur.

D. Pouvez-vous fixer à quelle date?

R. Non, monsieur.

D. A-t-on nommé un comité pour fonctionner en qualité de comité révolutionnaire?

R. Non.

D. Avez-vous assisté à la réunion dans laquelle il y a eu une explosion?

R. Oui, il y a eu une explosion.

D. Avez-vous assisté aux réunions du cimetière Montmartre et du boulevard Bonne-Nouvelle?

R. Non, je ne suis pas allé sur le boulevard un lundi.

D. Il paraîtrait d'après l'instruction que vous auriez dit un soir, dans la rue, en parlant à un de vos co-prévenus: « J'aurais bien confiance dans un tel; mais c'est peut-être un mouchard? »

R. Je ne me rappelle pas.

Chouteau demande à M. le Président à dire deux mots.

Le Président. — Votre interrogatoire est terminé ; faites part de vos observations à votre défenseur.

Chouteau. — C'est pour rectifier une erreur que j'ai commise tout à l'heure, lorsque vous m'avez interrogé.

Le Président. — C'est différent. Le motif étant exceptionnel, je vous donne exceptionnellement la parole.

Chouteau.— Je me suis trompé tout à l'heure. Manuel et Meili n'étaient pas chez moi à la formation des statuts. Je me le rappelle maintenant.

Le Président. — C'est bien. L'interrogatoire des prévenus est terminé. On va procéder à l'audition des témoins.

L'huissier appelle M. Leroi de Kéraniou, commissaire de police.

M. Leroi de Kéraniou, après avoir répondu aux questions d'usage, prête serment.

Le Président. — Faites votre déclaration.

R. J'ai été chargé, par mandat, de procéder à une perquisition chez les deux accusés Chouteau et Godichet. Tous deux étaient signalés comme faisant partie d'une société secrète. Nous avions mission de chercher des armes.

Le 12 novembre, je me présentais de bon matin au domicile de Chouteau et de Godichet ; tous deux demeuraient dans le même appartement.

Dans la pièce de Chouteau, j'ai trouvé un fusil caché sous la paillasse, un fleuret démoucheté, et différents papiers portant des recettes pour la fabrication de la poudre.

De là, je me suis transporté à la cave où je cherchais des armes. J'ai fait enlever tout ce qu'il y avait sur le sol et je l'ai fait piocher. A 8 ou 10 centimètres, dans un coin, on a trouvé un étui en fer blanc dans lequel était enfermé un papier contenant un projet de société secrète..., je veux dire les statuts d'une société secrète, signés Godichet, Chouteau et autres.

Je dois dire que précédemment avait eu lieu une petite explosion de poudre.

D. Monsieur le commissaire, le fusil était-il caché ?

R. Oui, il était entre la paillasse et le fond du lit.

D. Ainsi, vous maintenez le mot *caché*. Continuez.

R. Au moment de me retirer, je suis monté rédiger mon procès-verbal dans la chambre de Chouteau, et, à ce moment, le facteur est venu lui apporter une lettre dans laquelle étaient renfermés des imprimés tendant à l'excitation à la révolte.

Le Président. — Vous pouvez vous retirer.

L'huissier appelle le témoin Closier, concierge de la maison rue Guénégaud, 19.

Le témoin répond aux questions d'usage et prête serment.

Le Président. — Faites votre déclaration; rappelez vos souvenirs et répétez au tribunal ce que vous avez dit dans l'instruction.

R. J'ai vu M. Naquet venir chez M. Acollas quelques jours avant l'arrestation.

M. le Président. — Vous ne pouvez déposer que relativement à ce prévenu.

R. Oui. Je n'en reconnais pas d'autres.

M. l'Avocat impérial. — Le témoin a dit que quatre ou cinq jours avant l'arrestation, il a vu venir, à plusieurs reprises, M. Naquet.

R. Oui, à deux ou trois reprises.

M. le Président. — C'est bien. Retirez-vous.

L'huissier appelle le témoin Boislié, marchand de vins, rue de l'Orillon, 43. Le témoin prête serment.

M. le Président. — Faites votre déclaration.

R. Un jour, j'ai entendu une détonation. Je ne sais pas autre chose. J'ai présumé qu'elle venait d'à côté.

D. Cette détonation n'a-t-elle pas excité un rassemblement?

R. Si. Trois ou quatre personnes.

D. Personne n'a donné l'explication de ce fait?

R. Non.

Le Président. — Vous pouvez vous retirer.

L'huissier appelle le témoin Crézet, grainetier, rue de l'Orillon, 39. Le témoin prête serment.

M. le Président. — Dites ce que vous savez.

R. J'ai entendu une détonation qui s'est produite, je ne sais au juste à quelle époque.

D. Mais c'était bien de la maison de la rue de l'Orillon, 41, qu'elle venait ?

R. Oui.

D. Personne, à votre connaissance, n'a donné l'explication de cette détonation ?

R. Non.

Le Président. — Retirez-vous.

L'huissier appelle le témoin, femme Théret, concierge, rue Monsieur-le-Prince, 25. Le témoin prête serment.

M. le Président. — Racontez ce que vous savez sur M. Acollas. Rappelez-vous ce que vous avez dit devant le juge d'instruction.

R. J'ai dit que M. Acollas demeurait chez nous...

D. Eh bien ! continuez.

R. M. Acollas était déjà chez nous quand nous sommes entrés, il y a trois ans.

Quand on est venu pour l'arrêter, j'ai dit que M. Acollas ne couchait pas chez nous et qu'il devait rester rue Guénégaud. On a fait chez lui une perquisition et on n'a rien trouvé. M. Acolas, en rentrant, a dit que nous avions bien fait de donner son adresse et qu'il ne craignait rien. Il a ajouté que Madame devait rentrer à quatre heures et qu'on la prévînt. Mme Acollas, au lieu de rentrer à quatre heures, n'est rentrée qu'à cinq ou six heures ; il nous a dit de la prévenir qu'on n'avait rien trouvé chez lui.

M. Acollas a été remis en liberté et quand on est venu pour l'arrêter de nouveau, il n'était pas chez nous. Il est arrivé vers midi et demi; il est rentré chez lui. Alors une dame est venue me demander si je n'avais pas des habits pour faire sauver monsieur. Je lui ai répondu qu'on ne pourrait pas faire sauver monsieur, et qu'il était trop connu ettrop bien gardé pour cela.

D. Ne vous a-t-on pas demandé une blouse et une casquette ?

R. Non, j'ai dit que mon mari n'aurait qu'une blouse à prêter à monsieur.

D. Le samedi, n'y avait-il pas une affluenee extraordinaire chez M. Acollas.

R. Oui, Monsieur, avant le Congrès de Genève.

D. Voyons! Y avait-il plus de monde le samedi que les autres soirs ?

R. Oui.

D. Vous avez dit que M. Acollas recevait de nombreuses correspondances de l'étranger ?

R. Nombreuses, non Monsieur.

D. Vous l'avez dit cependant?

R. Non. J'ai dit que monsieur avait reçu beaucoup de correspondances de l'étranger; pas trop mal, enfin.

M. LE PRÉSIDENT. Je disais *nombreuses*, vous dites *beaucoup*, soit. Vous pouvez vous retirer.

L'huissier appelle le témoin Breton, inspecteur de police.

Me GATINEAU. Avant que le témoin prête serment, je demande à poser des conclusions préjudicielles.

M. LE PRÉSIDENT. Vous avez la parole. — Huissier, faites retirer le témoin.

Me GATINEAU : « Plaise au Tribunal,

« Attendu que les art. 322 et 323 du Code d'instruction minelle s'appliquent en matière correctionnelle;

« Attendu que la loi a voulu dans les témoignages la parfaite sincérité et dans les témoins la parfaite indépendance;

« Que les agents de police sont et ont été salariés en vertu des faits dont ils ont à déposer.

« Que leur position et leur avancement sont intéressés au résultat de la poursuite ;

« Qu'ils ne peuvent dès lors offrir à la justice des garanties suffisantes, étant parties, pour ainsi dire, au procès;

« Qu'ils ont d'ailleurs opéré en déguisant leurs fonctions et surveillant comme futurs dénonciateurs intéressés et secrets.

« Par ces motifs :

« Dire que les agents de police en se disant tels, et notamment Breton, ne pourront être entendus sur les faits qu'ils n'auront connus que comme individus agissant secrètement et sans leur uniforme. »

Je n'ai besoin, Messieurs, que de quelques mots pour justifier ces conclusions que je dépose en me rappelant ces paroles de Me Crémieux : qu'en matière criminelle, rien n'est indifférent.

La question que je vous soumets, au point de vue de l'équité, ne peut guère être l'objet d'une hésitation.

Que sont les agents de police qui vont comparaître devant vous ? Ce sont des personnes qui ont reçu un salaire spécial, non seulement à raison de la nature de leurs fonctions, mais à raison des faits sur lesquels ils vont déposer. Je dirai même que des récompeuses particulières leur sont allouées quand le zèle qu'ils déploient dans leurs recherches a amené des arrestations nombreuses ou importantes. Ces personnes-là peuvent-elles être témoins ? Rentrent-elles dans le texte de l'art. 322 du Code d'Instruction criminelle? C'est ce que je me propose d'examiner. — Voici le texte de l'article :

« Ne pourront être reçues les dépositions, 1° 2° etc... 6° des dénonciateurs dont la dénonciation est récompensée pécuniairement par la loi. »

Le premier point à décider est celui-ci : L'art. 322, qui figure au chapitre intitulé « De la procédure devant les Cours d'assises » est-il applicable aux matières correctionnelles ?

Pour nous cela ne fait nul doute.

Il y a parité entre le jury et les autres tribunaux en ce qui touche les garanties générales accordées par la loi aux prévenus. C'est ce qui résulte de la jurisprudence ; nous avons en outre pour nous l'opinion des auteurs...

M. L'AVOCAT IMPÉRIAL. Nous sommes d'accord jusque-là.

Me GATINEAU. Je n'insisterai donc point, puisque M. l'avocat impérial reconnaît le principe.

Mais il reste à savoir si cette thèse est applicable aux témoins que nous voulons repousser.

Je dis d'abord qu'il est absolument impossible que la question ne soit pas examinée et résolue par vous. Elle a une grande portée morale.

Je ne cache pas qu'il y a un arrêt qui nous est contraire ; mais il existe des opinions très-respectables en notre faveur. Je les rencontre dans les commentateurs de l'origine, dans ceux qui avaient vu la loi au berceau, qui étaient par conséquent les mieux imbus de son esprit. Carnot trouve que la parfaite sincérité du témoignage a sa source dans la parfaite honorabilité des témoins, et son opinion est que les agents salariés doivent être écartés du témoignage.

N'ont-ils pas, en effet, participé aux faits sur lesquels ils ont déposé ? Ne sont-ils pas parties au procès ? Incontestablement.

Et, s'il s'agissait d'une *partie civile,* la loi ne nous ferait-elle pas un devoir de l'empêcher de prêter serment ?

J'entends bien que vous saurez faire la part de toutes choses, et que vous peserez la valeur du témoignage, avant de lui faire accueil dans vos consciences; mais le Code d'instruction criminelle a voulu vous éviter la peine de vous livrer à ces appréciations, parce qu'elles seraient trop périlleuses.

Il faut avouer que, dans une affaire comme celle-ci, les agents sont fortement intéressés à *deviner* le plus possible, l'intérêt de leur administration. Et, traduire ce qu'on a deviné, ce n'est pas témoigner. — Et puis, n'est-il pas évident que cette audience a un lendemain et l'agent qui aurait fait à cette barre une déposition trop précaire pour la prévention, verrait opposer à son témoignage les rapports qu'il aurait antérieurement remis aux chefs dont dépend son avancement. Il faut donc qu'il parle quand même, et que, fidèle aux habitudes de sa profession, il ait l'air de tout savoir.

Ces conclusions, je ne les aurais pas développées devant un agent en uniforme. L'uniforme inspire à celui qui le porte le respect de soi-même ; il est pour les justiciables un avertissement ; pour la justice, c'est une garantie... L'agent déguisé, lui, procède dans le mystère, qui est mauvais conseiller ; il n'a rien à respecter, rien à ménager ; il est à l'abri de tout contrôle, parce qu'il s'enveloppe d'obscurité.

Telles sont les observations que j'avais à vous présenter ; je les complète, en terminant, par une citation que j'emprunte à un homme dont nous respectons tous les opinions, M. Béranger, mort, comme vous le savez, président de chambre à la Cour de Cassation.

Voici son langage :

« L'inexpérience des agents que la police emploie, leurs habitudes, leur caractère qui est rarement propre à inspirer de la confiance, rendent les renseignements qu'ils recueillent et les actes qu'ils rédigent très-peu dignes de foi ; les tribunaux auxquels ces actes sont transmis ne peuvent les recevoir qu'avec une extrême circonspection, ou, s'ils se déterminent à en faire usage, à quelles erreurs ne s'exposent-ils pas ?

« Il arrive encore que cette espèce de police accoutumée à ne négliger aucuns moyens, produit comme temoins des hommes qu'elle a employés comme espions, et qui, ne recevant de salaire qu'en proportion de leurs services, et souvent pour chaque opération, sont intéressés à soutenir leurs premières délations et à exagérer les faits sur lesquels ils déposent. »

Après cette appréciation de M. Béranger, je n'ai plus un mot à ajouter.

M. l'Avocat impérial. Je reconnais parfaitement la légitimité du rapprochement qu'on a fait, entre le jury et les tribunaux ordinaires, quant à l'application de l'article. Mais, quant au fond, quant à savoir si les agents, non en uniforme, sont recevables comme témoins au même titre que les agents en uniforme, je n'ai pas besoin de m'y arrêter. C'est une chose déjà jugée. Je me borne à repousser les conclusions que vous venez d'entendre.

M. le Président. Le Tribunal se retire pour en délibérer.

Au bout de quelques minutes, le Tribunal rentre dans la salle.

M. LE PRESIDENT : « Le tribunal,

« Après en avoir délibéré conformément à la loi,

« Attendu que les agents de police avec ou sans uniforme, sont chargés de la recherche et de la constatation des délits.

« Qu'ils dressent des procès-verbaux, déposent comme témoins sous la foi du serment à l'instruction et à l'audience.

« Qu'à aucun point de vue, ils ne sauraient donc être rangés dans la catégorie des personnes désignées dans le § 6 de l'art. 322 du Code d'Instr. Crim., dont la déposition ne peut être reçue ;

« Déclare les concluants mal fondés dans leur demande ; les en déboute, ordonne qu'il sera passé outre aux débats, que les témoins seront entendus et les condamne aux dépens de l'incident. »

Le témoin Breton est rappelé.

D. Vos nom et prénoms ?

R. Breton..

D. Votre âge ?

R. Trente-cinq ans.

D. Votre profession ?

R. Inspecteur de police.

D. Votre demeure ?

R. A la Préfecture de police.

D. Vous jurez de dire la vérité, toute la vérité, rien que la vérité.

R. Je le jure.

D. Racontez ce que vous savez.

R. J'ai été chargé de toutes les surveillances qui ont eu lieu, depuis le 20 juin jusqu'au 11 novembre. La plus grande partie des réunions avait lieu au domicile de M. Chouteau. Tous ces messieurs qui sont ici, je les ai vus dans des réunions, au moins trois fois.

D. Avez-vous vu quelques-uns de ces messieurs chez Pagès ?

R. Chez Pagès, j'ai vu quatre de ces messieurs, Chouteau, Godichet, et deux autres dont je ne me rappelle pas les noms.

D. Qu'avez-vous constaté chez Mayer ?

R. Rien.

D. Le 11 novembre, avez-vous remarqué quelques-uns des prévenus sur le boulevard Bonne-Nouvelle ?

R. Oui, Chouteau, Naquet, Godichet,

D. Et au cimetière Montmartre ?

R. Encore les mêmes.

M. L'AVOCAT IMPÉRIAL. Avez-vous remarqué Verlière sur le boulevard Bonne-Nouvelle ?

R. Ah! oui. Je l'oubliais. J'ai rencontré Verlière en ouvrier, non en habit bourgeois.

Le témoin Soret, inspecteur de police, est appelé à la barre.

Après avoir décliné ses nom, profession et demeure, le témoin prête serment.

D. Faites votre déclaration.

R. A partir du 20 juin dernier, j'ai été chargé de la surveillance des maisons habitées par Chouteau et Godichet. Nous avons constaté, mon collègue et moi, des réunions nombreuses.

D. A chacune de ces réunions, quels sont ceux des prévenus qui s'y sont rendus ?

R. Godichet et Chouteau ont assisté à toutes les réunions. Ils sortaient entre dix et onze heures et accompagnaient ceux qui étaient venus chez eux. J'ai remarqué parmi ceux-ci, Meilli, Hermann, Hayot, Naquet. Puis la surveillance a cessé et n'a été reprise que le 2 novembre.

D. Etiez-vous au cimetière Montmartre ?

R. Non, monsieur.

D. Et au boulevard Bonne-Nouvelle ?

R. Oui. J'y ai remarqué Godichet, Chouteau, Naquet, Genouille et Verlière.

D. L'affirmez-vous ?

R. Oui, je l'affirme.

D. Le 6 novembre, n'avez-vous pas constaté une réunion chez Naquet ?

R. Oui. Godichet et Chouteau étaient chez Naquet.

D. Et le 10 novembre ?

R. Le 10, j'étais chargé d'exercer une surveillance au domicile de Las. Il se rend le matin rue du Pont-de-Lodi où demeure Hayot, sort seul, trouve Verlière, remonte prendre Hayot et tous trois vont déjeûner chez un marchand de vin, rue de la Gaîté. Puis ils sont allés à un tir, se sont exercés, puis se sont rendus rue Bertrand, 26, au domicile de M. Verlière. Je n'ai vu sortir le soir que MM. Las et Hayot qui se sont rendus boulevard Montparnasse. Ils sont sortis trois ou quatre ensemble, sont allés prendre quelque chose chez un marchand de vin, puis se sont séparés.

M. Hayot avait oublié quelque chose, car il a rappelé M. Las et lui a parlé. De là, M. Hayot s'est rendu par l'omnibus rue Guénégaud, 19, et en est sorti à minuit.

Le 11, j'étais chargé de surveiller M. Hayot. Il s'est rendu le matin, en sortant de chez lui, rue Monsieur-le-Prince ; il y est resté une demi-heure, est descendu, a rencontré M. Acollas sur le trottoir, est rentré avec lui, est resté alors quinze minutes, est parti boulevard Sébastopol, où il a causé avec l'employé des Docks de la bijouterie, est allé faire un tour dans le quartier Saint-Martin chez différents fabricants de passementerie, est ensuite allé trouver M. Las; ils sont alors allés tous deux dans une brasserie de la rue Phélippeaux, ils y ont causé avec animation. Il y avait des papiers sur la table. Deux consommateurs sont arrivés, ils ont resserré leurs papiers. M. Las est allé reconduire M. Hayot jusqu'au bout de la rue Phélippeaux. M. Hayot retourne au boulevard Sébastopol et cause encore pendant un certain temps avec l'employé des Docks de la bijouterie, rentre chez lui, puis va chez un passementier rue Dauphine, et de là chez M. Acollas, retourne encore causer avec l'employé des Docks, de là place Saint-Michel, rue Charlot, rue Quincampoix, puis chez lui, rue du Pont-de-Lodi, 5, et en sort avec une casquette qui lui cache la figure. M. Las arrive et cause avec lui. Ils vont boulevard Montparnasse, 42, et sortent ensemble, prennent l'omnibus de Ménilmontant et descendent près de la station de la place Oberkampf.

Je reconduis alors Hayot chez lui; il est minuit dix minutes.

Mᵉ Floquet. Las et Hayot étaient bien seuls en sortant du boulevard Montparnasse ?

R. Oui.

Le témoin Véron, inspecteur de police, est appelé à son tour.

Après avoir rempli les mêmes formalités que ses deux collègues, le témoin prête serment.

D. Dites ce que vous savez.

R. J'ai été chargé par M. Lagrange] de surveiller ces messieurs. Du 18 septembre au 5 novembre, j'ai constaté des réunions qui avaient lieu chez Chouteau et chez Las. J'y ai remarqué Chouteau, Godichet, Adel. Ces réunions avaient lieu de dix heures du soir à onze heures. Le 23 septembre, une réunion a eu lieu chez Chouteau, et j'ai vu pour la première fois Verlière qui avait un paquet de brochures à la main.

Aux autres réunions chez Las, Verlière assistait.

A une réunion chez Chouteau, vers dix heures, une détonation s'est produite au domicile de Chouteau; la lumière s'est éteinte. Des passants se sont arrêtés; un instant après on a chanté, et Godichet a ouvert la fenêtre pour expliquer que c'était un pétard qu'on venait de faire partir.

Le 11 novembre, j'étais en surveillance pour M. Las. Je l'ai vu aller rue Quincampoix, 107, et en sortant il agitait les bras. De là, il s'est rendu rue du Pont-de-Lodi, où j'ai vu M. Hayot en casquette. Ils sont allés ensemble chez M. Naquet. J'ai vu sortir MM. Naquet, Verlière, Las et Hayot qui se sont rendus chez divers marchands de vin. Hayot est rentré chez lui à minuit dix.

D. Etiez-vous au cimetière Montmartre ?

R. Non.

D. Et au boulevard Bonne-Nouvelle ?

R. Oui. Le 4 novembre, j'étais en surveillance. J'ai vu Naquet, Godichet, Hayot.

D. Avez-vous vu d'autres personnes qui sont connues ou surveillées?

R. Oui, monsieur.

M. L'AVOCAT IMPÉRIAL. Verlière n'était-il pas déguisé en blouse, avec un sac sur le dos?

R. Oui, monsieur.

Me FORNI. Le témoin a dit qu'il avait vu Adel chez Chouteau dès le 18 septembre, or, il est constaté dans l'instruction que les agents n'ont reconnu sa présence aux prétendues réunions que....

LE TÉMOIN. Je n'ai pas dit que j'avais vu Adel le 18.

Me FORNI. Très-bien, je n'insiste pas.

Me FLOQUET. Le témoin est-il bien sûr d'avoir vu sortir Verlière du n° 42 du boulevard Montparnasse?

R. Oui, bien sûr. Il était avec un inconnu.

M. L'AVOCAT IMPÉRIAL. Las, Hayot et Verlière étaient-ils ensemble? Avez-vous vu Naquet sortir avec Verlière?

R. Oui.

Me FLOQUET. Vous étiez chargé de suivre Hayot. A quelle distance leur séparation a-t-elle eu lieu?

R. Ils se sont séparés sur le trottoir.

M. LE PRÉSIDENT. C'est entendu. Qu'on appelle un autre témoin.

M. Delarue, expert en écriture attaché à la Banque de France, est introduit à la barre. Il prête serment.

D. Rendez compte des opérations que vous avez faites.

R. M. le juge d'instruction m'avait remis trente-six enveloppes et autres écrits saisis, avec des écritures de comparaison émanant des inculpés.

Dans ces trente-six enveloppes nous n'en avons trouvé aucune écrite par les inculpés.

La lettre écrite au docteur Bidard a bien été écrite par Naquet; il l'a du reste reconnu.

Des pièces écrites au crayon nous ont montré certaines analogies entre cette écriture et celle de l'inculpé Verlière, analogies ne permettant pas toutefois une affirmation complète.

Nous avons eu deux autres lignes à l'encre par lesquelles on demandait un rendez-vous pressé ; ces lignes émanent de Verlière.

Nous avons dû constater si une suscription adressée à M. Imbert était de la main de celui qui avait pu écrire les suscriptions numérotés 11, 12 et 13. Nous ne le pensons pas.

Nous avions la lettre dans laquelle on demandait instamment la distribution de pièces; à cette lettre était jointe une enveloppe. La lettre est évidemment de l'inculpé Las; c'est irréfutable. Je n'ai à signaler au tribunal, pour qu'il s'en convainque, que la forme des *j* et des *v*.

Nous avions une pièce intitulée *Au peuple !* écrite évidemment en écriture déguisée, faite avec beaucoup de soin. Cette lettre nous paraît être de la main d'Hayot. Cela ne fait pas de doute pour nous aujourd'hui. Vous n'avez qu'à voir les *g* tous bouclés de la même manière. Quand on entre dans le détail, on saisit la forme du *t* bouclé d'un double trait ; forme qui lui est, paraît-il, naturelle et dont il n'a pu garder sa main. Il y a aussi des *c* dont la tête est moins large que le bas. Tout a un cachet particulier appartenant à Hayot.

Les statuts de la Commune révolutionnaire ont été écrits par Godichet. Chouteau et d'autres les ont signés. Tout cela est du reste reconnu par eux.

M. le Président. L'audition des témoins est terminée. L'affaire est continuée à demain onze heures et demie.

La séance est levée à quatre heures un quart.

AUDIENCE

DU SAMEDI 21 DÉCEMBRE 1867

L'affluence est plus grande encore que la veille. Les prévenus sont amenés à onze heures. A onze heures un quart, on ouvre les portes aux avocats en robe, qui font irruption dans la salle. Un grand nombre d'entre eux restent en dehors. Le tribunal fait son entrée à onze heures trente-cinq minutes.

M. LE PRÉSIDENT. — La parole est à M. l'avocat impérial.

M. L'AVOCAT IMPÉRIAL LEPELLETIER. — Monsieur le président veut-il me permettre, avant de commencer mon réquisitoire, de donner lecture de la déposition de l'agent Magnin, qui n'a pas été entendue ?

Voici cette déposition :

« J'ai fait partie, conformément à l'ordre de mes chefs, de plusieurs surveillances qui avaient pour objet les réunions dont le logement de Chouteau et de Godichet étaient le centre.

« J'ai procédé avec un, et quelquefois deux de mes collègues, aux constatations que voici :

« Le onze septembre, réunion chez Chouteau, composée de Guyon, Godichet, Chouteau, Goraud, Hermann, Malarmet, Genouille.

« Le dix-huit septembre, autre réunion chez le même, composée de Subit, Hermann, Meili, Genouille, Hayot, Las, Godichet et Chouteau.

« Le lendemain, dix-neuf, réunion chez Las, place de la Corderie, 8, dont font partie Hayot, Chouteau, Godichet et Las.

« Le vingt-trois septembre, réunion chez Chouteau, à laquelle prennent part Meili, Genouille, Hayot, Las, Goraud, Manuel, Verlière, Chouteau et Godichet.

« Le 25 septembre, chez Chouteau, autre réunion, composée de Meili, Genouille, Manuel, Goraud, Boutet et Chouteau.

« Le lendemain, 26, réunion chez Las, où nous voyons arriver Verlière, Chouteau, Godichet et Hayot.

« Le 2 octobre, réunion chez Chouteau, à laquelle assistent Meili, Hermann, Genouille, Las, Mayer, Goraud, Godichet et Chouteau.

« Le 9 octobre, réunion chez Chouteau, composée seulement de Las, Chouteau et Godichet.

« Le 16 octobre, réunion chez Chouteau, de Goraud, Meili, Genouille, Manuel, Hayot, Las, Godichet et Chouteau.

« A neuf heures trente, on entend une détonation formidable partie de la demeure de Chouteau. Cette détonation met tout le quartier en émoi; il se forme un rassemblement d'environ quatre-vingts personnes; les unes parlent d'un assassinat, les autres d'un suicide. Au moment même, Godichet paraît à la fenêtre du logement de Chouteau et dit que ce n'est rien, que c'est seulement un pétard qu'on a fait partir. Cette communication suffit pour dissiper l'attroupement.

« Le 22 octobre, réunion, chez Chouteau, de Las, Hayot, Meili, Goraud, Manuel, Genouille, Godichet, Chouteau et d'un inconnu que nous avons su depuis se nommer Lauër. Vers neuf heures et un quart, Las, Hayot et Godichet vont à la pharmacie Galby, rue du Faubourg-du-Temple, 123; ils y ont fait une acquisition et retournent chez Chouteau.

« Le 30 octobre, autre réunion chez ce dernier, composée de Manuel, Genouille, Lauër, Meili, Godichet, Las et Chouteau.

« Le lendemain, 31, autre réunion chez le même, composée de Meili, Goraud, Manuel, Genouille, Chouteau et Godichet. La réunion terminée, Meili et Goraud s'en vont ensemble par la rue d'Angoulême; arrivés à la hauteur de la rue Gambey, nous entendons Meili prononcer distinctement ces mots : « Il est possible qu'on puisse avoir confiance en lui, mais aussi ce pourrait bien être un mouchard » ; nous n'avons pu savoir de qui il parlait.

« J'ai fait les surveillances du 11 septembre, du 30 et du 31 octobre avec mon collègue Breton. J'ai fait toutes les autres avec mes collègues Breton et Véron.

« Toutes les personnes que je vous ai désignées dans ma déposition me sont personnellement et particulièrement connues. J'ai la certitude de n'avoir commis aucune erreur dans les indications que je vous ai données. Presque toutes les réunions chez Chouteau avaient lieu le mercredi, dans la soirée.

« J'ai fait avec Breton la surveillance du 6 novembre. Je confirme ce qui vous a été dit à ce sujet par mon collègue. Je confirme aussi ce qu'il a dit relativement à la surveillance dont Las, Hayot et Verlière ont été l'objet le 10 novembre.

« Le 11 novembre, j'ai fait partie de la surveillance exercée aux environs de la maison du sieur Naquet. Vers huit heures trois quarts du soir, j'ai vu entrer Las et Hayot ; à neuf heures et demie, j'ai vu sortir Naquet, Verlière, Las, Hayot et un cinquième individu que je n'ai pas reconnu. Ce dernier est parti avec Naquet. Verlière est parti seul. Las et Hayot ont pris l'omnibus de Ménilmontant. »

Cette lecture terminée, M. l'avocat impérial s'exprime en ces termes :

Messieurs, je vous demande la permission d'aborder sans préambule la prévention qui vous est soumise ; aussi bien, les réflexions que je pourrais placer en tête des démonstrations que j'ai à vous faire m'exposeraient à un double danger : elles seraient inutiles ou déplacées ; inutiles si je me bornais aux considérations générales que suggère un procès de cette nature, et que vos esprits, devançant ma parole, ont déjà formulées ; déplacées, si je me laissais entraîner sur le terrain des questions politiques dont je veux et dois m'abstenir, non que j'en redoute la discussion, mais parce que ce n'est ici ni le lieu ni le moment.

J'entre donc immédiatement dans le vif du débat.

Le 12 novembre, dans la matinée, les commissaires de police de divers quartiers de Paris recevaient la visite d'un certain nombre de leurs administrés, qui remettaient en leurs mains des imprimés que la poste leur avait distribués, et dont l'origine leur était inconnue. Par leur texte, par la simultanéité de leur distribution, par leur nombre, par les circonstances au milieu desquelles ils se produisaient, ces écrits étaient de nature à éveiller l'attention inquiète de l'autorité qui en recevait ainsi communication; et, sans plus attendre, je veux, messieurs, vous les faire connaître; ce sont trois proclamations imprimées; voici les termes de la première :

« Français !

« Le règne de Bonaparte a été fondé sur le crime; il s'a-« chève dans le crime, après avoir traîné seize ans la France « de honte en honte.

« Usurpateur impuni de votre droit, Bonaparte, l'homme-« crime, veut encore faire de vous l'instrument de l'oppres-« sion des autres peuples.

« Français, le souffrirons-nous ?

« Hier, l'opprobre du Mexique; aujourd'hui, celui de « Rome; ce politique imbécile se laisse duper par un Bis-« mark et transforme nos glorieux soldats en sbires du « pape.

« La coupe de la honte n'est-elle pas pleine ? Livrerons-« nous à cet aventurier inepte et à sa bande nos consciences, « notre honneur, nos existences?

« La France se ruine; l'industrie est atteinte; les ateliers « se ferment; le chômage grandit; la misère est à nos por-« tes; nous avons le choix : ou le déshonneur et l'agonie « sous le joug de cet homme, ou la reprise de nos destinées « en nos propres mains.

« Citoyens, levons-nous ! »

La seconde proclamation est ainsi conçue :

« La France ne s'appartient plus depuis quinze ans; elle « a perdu toutes ses libertés.

« Ses richesses sont gaspillées, l'épargne d'un demi-« siècle est anéantie.

« Elle était l'espoir de tous les peuples ; elle en est deve-« nue le cauchemar.

« Son gouvernement est la risée des gouvernements de « toutes les nations du monde.

« L'honneur de la France est en péril, la gloire de son « armée deux fois compromise.

« L'Empire tombe en ruines ; nous laisserons-nous ense-« velir sous ses décombres ?

« Debout, citoyens !

« Il n'est pas de mauvaises passions que les mains impu-« res qui tiennent nos destinées ne soient résolues à fomen-« ter pour écraser les citoyens qui veulent rendre à la « France la sécurité, la dignité et la liberté.

« Ayons confiance les uns dans les autres ; reprenons la « grande route nationale de l'honneur et de la liberté ; le « salut de la France est à ce prix. »

Enfin, voici les termes de la troisième proclamation :

« Peuple de Paris,

« Il y a seize ans, la république a été nuitammemt égor-« gée. Un homme s'est emparé des libertés de tous ; il a « pris la France pour la partager avec ses compagnons.

« Puis son crime contre le peuple est devenu la forme de « toute justice ; son caprice est la loi même ; ses hésitations, « ses réticences, ses lâchetés, ses inepties sont la paix ou la « guerre.

« Eh bien ! peuple, qu'avons-nous gagné à cette perte de « nous-mêmes ? On nous promettait la richesse en échange « de la liberté ! Travailleurs qui demandez du pain, l'Em-« pire vous a-t-il enrichis ? Dans ce grand désastre des « entreprises patronnées, que sont devenues les fortunes « des citoyens ? On nous promettait la gloire en échange de « la dignité ; soldats, c'est pour égorger des Chinois et des « Cochinchinois, c'est pour asservir la République mexi-« caine, c'est pour devenir des soldats du pape et pour tuer

« Garibaldi qu'on vous a fait endosser l'uniforme ! On nous « promettait la prééminence entre les nations, et nous « sommes maintenant leur risée ! Nous revenons chassés du « Mexique par une simple menace des Etats-Unis ! Un « Gortschakoff nous raille, un Bismark se moque de nous !

« Voilà ce que nous a coûté l'Empire. N'est-il pas temps « de sortir de cette fange ? »

L'émotion qui accueille cette lecture, et que, j'en suis certain, vous partagez vous-mêmes, dit assez qu'il n'y avait pas à se méprendre sur le caractère, sur le but et la portée de ces proclamations. C'était l'appel violent à l'insurrection, c'était l'excitation la plus ardente au mépris et à la haine du gouvernement : c'était le signal de l'agitation la plus dangereuse pour la paix publique, et, lorsque j'en serai arrivé à cette partie de ma tâche, je n'aurai pas à insister longtemps pour vous convaincre que c'étaient bien là des manœuvres telles que les qualifie l'ordonnance de renvoi, telles que les prévoit et les punit la loi de 1858.

De qui émanaient ces proclamations ? Par qui avaient-elles été lancées ? A qui enfin devait-on attribuer ces manœuvres ? C'était là, messieurs, ce que la justice avait à rechercher. Elle se mit à l'œuvre, et, aidée des renseignements que l'autorité vigilante avait déjà recueillis, elle s'engagea sans hésitation et sans erreur dans la voie qui devait la conduire à la vérité.

L'administration surveillait, en effet, depuis longtemps déjà, certains hommes qui, connus par leur hostilité ou compromis par leurs antécédents, semblaient entretenir ou provoquer une agitation dangereuse ; dans plus d'une occasion, ils avaient manifesté leurs sentiments de façon à ne laisser aucun doute sur le but qu'ils poursuivaient. Ce but, ils l'avaient proclamé dans leurs discours ou dans leurs écrits ; c'était le renversement du gouvernement établi, je devrais dire des gouvernements établis et l'établissement de la République.

Le congrès de Genève, au mois de septembre dernier, avait été une de ces occasions. Organisé par une commission d'initiative, dont le plus actif et le plus ardent promoteur était le prévenu Acollas, il avait réuni de nombreux adhérents ; les uns, trompés par le titre qu'il prenait, *Congrès de la Paix*, n'obéissaient à d'autre mobile qu'à l'idée généreuse qu'il arborait comme son drapeau ; les autres, sachant ce qu'il voulait au fond, cherchant et croyant trouver dans le Congrès toute autre chose qu'une réunion d'esprits se livrant à des spéculations théoriques sur le moyen d'assurer la paix des Etats, l'organisaient et s'y rendaient avec la volonté, j'ajoute avec l'espérance, de le voir aboutir à la ruine de toute autorité politique et religieuse, et rêvaient déjà l'inauguration d'une vaste confédération républicaine sous le nom des *États-Unis de l'Europe*, qui ne supporterait plus ni roi ni Dieu.

Parmi ces derniers se rangent Acollas et Naquet. Ils vont à Genève, ils y prennent un rôle conforme à leur programme. Ils reçoivent la confidence de ceux qui partagent leurs désirs, ou les plaintes de ceux qui craignent de les voir avorter par la modération du parti moins avancé ; ils encouragent les uns, rassurent les autres et cherchent, par tous les moyens, à faire sortir du congrès de la paix, la guerre, *la bonne guerre*, comme dit un des leurs, contre ce qu'ils appellent le despotisme et les dictatures.

Ils n'ont pas réussi, et le Congrès, où l'idée de la paix était personnifiée par Garibaldi, dont je ne savais pas que le nom en fût le symbole, n'a pas eu précisément l'issue qu'ils en attendaient. Je le croyais du moins, et je le crois encore, malgré les assurances contraires que je trouve dans une brochure qui m'a été remise hier et qui porte ce titre : *Le Congrès de Genève a-t-il avorté ?* A s'en rapporter à l'auteur, il paraîtrait que non, et il serait intéressant de vous faire entendre son langage ; mais ce n'est pas une pièce du dossier. Les prévenus ou leurs défenseurs ont le droit de dire qu'ils ne la connaissent pas ; je ne veux pas d'armes cachées, et je ne dis plus un mot de la brochure ou de son auteur.

Ce que je veux vous montrer d'ailleurs, messieurs, ce n'est pas le résultat qu'ils ont atteint, c'est la volonté qui les anime, et si je l'ai résumée dans les paroles que j'ai prononcées tout à l'heure, mon devoir est de vous fournir la preuve que je ne me suis pas trompé; vous ne l'attendrez pas en vain.

En même temps que ces manifestations avertissaient le gouvernement des menées dirigées contre lui, d'autres faits, ayant les mêmes conséquences, étaient signalés à l'autorité. A côté de ces hommes dirigeant ainsi par la plume et par la parole le mouvement qu'ils avaient créé, s'en trouvaient d'autres en effet moins intelligents peut-être, moins propres, en tout cas, à la propagande des idées, mais capables de devenir, entre les mains de ceux-ci, des instruments dociles et prêts à l'exécution.

Ceux-là n'avaient pas de congrès, mais ils avaient des réunions régulières; ils ne publiaient pas de discours, mais ils rédigeaient les statuts d'une association révolutionnaire; ils ne dissertaient pas à Genève, mais ils fabriquaient de la poudre à Paris. La police, qui les surveillait, reconnaissait parmi eux des hommes dont le nom se trouve mêlé à toutes les démonstrations de ce genre, et, entre ces deux groupes comme un trait d'union reliant l'un à l'autre, des étudiants, des jeunes gens, Verlière, Jaclard, Granger, pour ne citer que des noms qui réveillent dans vos esprits le souvenir des condamnations que vous ou vos prédécesseurs ont prononcées.

Telle était, messieurs, la situation que connaissait l'autorité, lorsque survinrent les derniers événements politiques, je veux parler des affaires d'Italie. Je n'ai pas à les apprécier, ce n'est pas mon devoir, et ici ce n'est pas mon droit; mais je veux les rappeler, parce que, dans ma pensée, ils se rattachent au procès.

Le héros du congrès de Genève, Garibaldi, avait été contraint de renoncer à ses projets; le gouvernement avait pris, par l'intervention, une attitude qui ruinait, en Italie, les espérances du parti que j'ai cherché à vous représenter. On lui en voulait; une irritation excitée par la déception, entretenue, peut-être augmentée par le langage de certains journaux, devait rendre l'explosion plus facile.

Le moment semblait bon pour faire éclater ces ferments contenus. Il suffisait peut-être d'un mot, d'un signe, d'un geste; il fallait essayer du moins, et alors se produisaient ces manifestations que vous-mêmes, messieurs, vous avez appelées séditieuses, celles de l'Hôtel-de-ville et du cimetière Montmartre. Alors avortait cette manifestation que je vous montrerai préparée au boulevard Bonne-Nouvelle; alors se lançaient, dans la nuit du 11 novembre, ces proclamations, aujourd'hui déférées à notre justice.

Vous comprenez déjà, messieurs, que tout naturellement, les premiers soupçons devaient se porter sur les hommes dont on retrouvait les opinions, et presque le style, dans les proclamations distribuées, dont la conduite et les paroles révélaient une volonté, des espérances conformes aux résolutions vers lesquelles ces écrits poussaient le peuple, sur les agitateurs bien connus dont je vous ai déjà dit le nom; et si la surveillance dont ils étaient l'objet avait déjà fait connaître leurs démarches, si l'on savait que le 11 novembre ils avaient été en relations constantes avec ces hommes que j'appelais tout à l'heure les instruments d'exécution, si l'on avait vu ceux-ci entrer chez eux, en sortir, y revenir à toute heure; si, quand ils en sortaient, on avait vu entre leurs mains des papiers qu'ils se montraient et qu'ils cachaient aux yeux des étrangers, ces soupçons si naturels ne se transformaient-ils pas en présomption légitime, et n'était-il pas raisonnable de diriger contre eux l'accusation que justifiaient de pareilles manœuvres?

Or, messieurs, c'est là ce qui était arrivé. Les agents chargés de cette mission avaient, dans les journées du 10 et du 11 novembre, surveillé le domicile des prévenus Acollas et Naquet; ils avaient vu venir, à diverses reprises, Hayot, Las, Verlière; ils avaient suivi Hayot, ils l'avaient vu avec Las au café Phélippeaux, étalant des imprimés qu'ils dissimulaient soigneusement dès qu'ils n'étaient plus seuls; ils les avaient vus enfin, dans la soirée du 11, sortir de chez Naquet, où ils avaient rencontré Verlière, à l'heure même où avaient dû être jetées à la poste les proclamations que je vous ai fait connaître.

C'est ainsi que s'ouvrit l'information contre les prévenus; dirigée par le magistrat dont vous connaissez l'esprit net, la sagacité clairvoyante et l'intelligente activité, elle a bien vite recueilli les éléments qui transformaient en preuves complètes les indices de culpabilité que je vous signalais à l'instant, et le 7 décembre, une ordonnance de M. le juge d'instruction renvoyait devant vous, sous la double prévention de manœuvres à l'intérieur et d'affiliation à une société secrète, les prévenus que vous avez à juger, Acollas et Naquet, les agitateurs du Congrès de Genève, les autres, membres assidus des réunions dont je vous ai parlé, et que je dois vous prouver avoir été celles d'une société secrète.

Acollas et Naquet, agitateurs du Congrès de Genève, ai-je dit, et je me rappelle que j'ai promis de vous le démontrer, eux, disais-je, parlant d'eux, qui l'avaient organisé et qui s'y étaient rendus, non pour y discuter platoniquement les moyens d'assurer la paix des nations, mais pour y fomenter la révolte contre toute autorité établie; non pour y combattre la guerre, mais pour l'y préparer contre les gouvernements monarchiques, et en particulier contre le gouvernement impérial, et je me suis engagé à vous en fournir la preuve; voici le moment venu, messieurs, de tenir ma parole.

Dès le mois de juin, Acollas organise le Congrès; il se met en relation avec les révolutionnaires de divers pays de l'Europe, d'Italie, d'Allemagne, de Belgique, d'Angleterre, de Suisse. En France et à l'étranger, il n'écrit pas seulement aux amis de la paix; il écrit surtout aux ennemis les plus irréconciliables de l'Empire. Il reçoit des adhésions, des souscriptions, des programmes; il indique à ses amis, à ses confidents, sa pensée intime, son véritable but. Il craint surtout les modérés, *ceux qui n'ont pas de couleur*; il entretient une correspondance énorme, et c'est, messieurs, dans cette correspondance, saisie chez lui, que j'ai trouvé la preuve que je vais mettre sous vos yeux.

Le 29 juin, il écrit à Victor Hugo. Il lui demande son adhésion au Congrès. Que lui dit-il pour l'obtenir? Écoutez : « L'homme de décembre penche; il est bientôt mûr pour la chute. Nous avons écrit à Ledru-Rollin, à Schœlcher, à Barbès... »

A un autre, il soumet les noms des membres de la commission provisoire du Congrès. Il a été obligé, pour ne pas effrayer les uns, pour ne pas éloigner les autres, de prendre dans toutes les nuances du parti républicain.

On lui répond :

« 1er juillet.

« J'ai vu la composition de votre commission provisoire. C'est fort... panaché ! Et je vous avertis que, sans la garantie qu'offriraient quelques noms significatifs, je ne me soucie pas du tout d'apporter quelque appoint aux espérances des Hérold, des Clamageran et autres aspirants au Corps législatif. Il me semble que nous sommes d'accord... Il est indispensable que la Montagne vienne à nous... Sans les chefs de file reconnus, sans les anciens, en un mot, on ne fera rien. Donc, il faut les avoir.

« Il faut se rendre à Genève. Nous coulerions le Congrès à fond. Nous le pétririons et nous ferions toute autre chose. Nous aurions réuni les éléments épars du faisceau qui doit écraser *le Bonaparte et sa bande*... Il faut bien expliquer à nos amis qu'il ne s'agit pas de la paix, mais de la guerre, et de la bonne guerre. »

Le même correspondant, dans une autre lettre, lui répétait encore : « Rappelons les anciens ; ils auront vite balayé tous les parlottiers du Corps législatif. »

Le 14 juillet, on lui dit : «Si les peuples veulent bien s'entendre, ils secoueront l'opprobre du despotisme et constitueront les Etats-Unis d'Europe. »

On avait soumis aux adhérents un premier programme ; on le trouve trop modéré, trop tiède. Acollas en envoie un second, et le 21 juillet, un de ses correspondants lui écrit :

« 21 juillet.

« .... J'adhère au second programme qui a l'avantage de donner à la chose une tournure républicaine. J'irai à Genève... Je n'ai jamais été partisan de l'abstention quand il s'agit d'attaquer les scélérats qui se sont emparés de notre patrie. Tâchons de faire à Genève ce que nous aurions dû faire depuis longtemps. Relevons le drapeau de la République. »

Un autre, le 26 juillet : « Nous avons à nous venger d'une belle peur que S. M. Napoléon III nous a faite ; il a failli faire croire à bien des gens qu'il avait le talent de sauver la dynastie. »

Naquet joint ses efforts à ceux d'Acollas pour donner au Congrès la même signification, lui assurer les mêmes résultats. Il partage ses doctrines, ses espérances, ses craintes. « Je suis toujours plein d'ardeur, lui écrit-il le 16 juillet, et, comme toujours, mu par le désir de voir le parti républicain se reconstituer. »

Une autre fois il lui annonce les démarches qu'il a faites, les adhésions qu'il a obtenues, celles qu'on a refusées et il ajoute : « Pas de réponse de Ledru, de Chauffour et des Italiens... C'est toujours la même balançoire. Vraiment, vous avez raison de dire que c'est dégoûtant. » Il paraît que les frères se maltraitent quelquefois.

Un jour il est découragé; Chauffour n'a pas encore répondu favorablement, « le Congrès n'aboutira pas, tous ceux qui pourraient lui donner couleur feront défaut... J'ai donné votre adresse à Ledru-Rollin, avez-vous quelque chose de ce côté ?... Enfin allons tout de même... »

Ils vont, en effet, à Genève; le Congrès va s'ouvrir le 9 septembre. Le 7, un ami leur écrit ces mots, qui résument leur programme ; « Vous allez affirmer le droit des peuples contre les usurpations monarchiques. » Le Congrès est ouvert sous la présidence de Barni. Le président a à sa droite Garibaldi, à sa gauche Acollas ; Naquet siége sur l'estrade.

Je n'ai pas, messieurs, à vous faire l'histoire du Congrès. Je ne veux pas même vous rappeler les discours d'Acollas et de Naquet. Je me bornerai à deux citations que je trouve dans les bulletins du Congrès.

Acollas rend compte du but qu'il a poursuivi en réunissant le congrès de la paix... « Nous sommes venus, dit-il, attester l'idée républicaine, la discuter et chercher à la faire triompher. Pour nous, la république est la première des conditions sociales; c'est le fondement indispensable de la paix, c'est la base sans laquelle il n'y a pas de nation libre.»

Naquet parle à son tour; pour lui aussi l'établissement de la république démocratique, la forme fédérative et républicaine, sont le but qu'il faut poursuivre, la condition primordiale et nécessaire de la paix, et, au moment où le Congrès va se dissoudre, il lui propose « de ne pas se séparer sans imprimer un stigmate de flétrissure à Napoléon Ier, le plus grand malfaiteur du siècle ! »

Me Crémieux. — Napoléon Ier ! Mais ce n'est pas Napoléon III !

M. l'avocat impérial. — Oh ! je n'entends nullement Me Crémieux, faire retomber sur Napoléon III, les paroles dites par Naquet à propos de Napoléon Ier.

Il faut dire, messieurs, et ce n'est pas moi qui le dis, ce sont les bulletins du Congrès, il faut dire que ces paroles qui je répète, s'adressaient à Napoléon Ier, soulèvent dans l'assemblée un murmure de réprobation.

Enfin, le Congrès se termine, vous savez comment. Vous savez les protestations des amis de la paix contre les amis de la république universelle, de ce parti « sans couleur, » comme disait Naquet, qui osait prétendre que le Congrès n'avait pas le droit d'ameuter les nations contre leurs gouvernements, qui avait la sottise de penser que le matérialisme, l'athéisme n'étaient pas nécessaires à la civilisation, et l'audace de le dire. Vous savez, comment dirai-je ? l'éclipse de Garibaldi, qui cherche à éviter autre chose que des témoignages d'admiration et d'enthousiasme, et vous devinez que si quelqu'un fut content, ce ne fut ni Acollas, ni Naquet.

Aussi Acollas songeait-il à ne pas revenir à Paris ; mais ses amis ne le lui permirent pas. Lui absent, que deviendrait le parti ? N'est-il pas le foyer, le centre autour duquel se pressent tous ceux qui ont épousé ses doctrines et qui en attendent le succès ?

« Ne songez pas à quitter Paris, lui écrit-on en septembre, c'est le cœur de l'Europe ; vous en êtes la flamme. *Les temps sont proches !* Ne nous dispersons pas en tirailleurs ; vous, absent, où est le foyer ?...»

Les temps sont proches ! En effet, lui écrivait un autre : «Venez donc, agissez donc, c'est le moment. Le gouvernement est las, battu, capot et inquiet. Il laisse tout dire et tout écrire, voyez plutôt le journal *la Liberté*... » Vraiment? eh bien ! je retiens l'aveu, il me plaît dans la bouche qui le fait, et j'aime à le mettre en regard de tout ce que les voix les plus éloquentes vous disent ici-même de « l'intolérable oppression » de cette malheureuse presse et des « rigueurs du pouvoir. »

Vaincu et convaincu, Acollas revient à Paris, et vous savez ce qu'il y fait. Je ne vous ai pas encore dit, messieurs, qu'au moins avant le Congrès, on se réunissait chez lui le samedi, quelquefois le mardi. Les pièces saisies sont pleines d'invitations à ces conférences et de renseignements intéressants sur ce qui s'y passait. Qu'y fait-on? Du droit, sans doute : Acollas est un docteur, un savant jurisconsulte. Il réunit autour de lui quelques esprits d'élite, et l'on étudie les plus graves problèmes de notre législation...

Il cherche surtout le moyen d'effacer de nos Codes le mariage civil, « cet attentat à la liberté, » qui, pour le dire en passant et pour ne rien dire de plus, ne gêne pas beaucoup la sienne ; il indique les réformes utiles, il prépare le progrès et la civilisation de la France et du monde... Je ne raille pas, messieurs, et je n'en ai nulle envie ; je copie textuellement dans les pièces à conviction tout ce que je viens de vous dire. Oui, je le veux, on y fait tout cela et je n'ai rien à y reprendre. Mais on y fait aussi autre chose. On y fait de la politique.

A côté de la spéculation et de la théorie, il y a les moyens d'exécution, — on ne les néglige pas, — et comme l'argent a toujours été et sera toujours un des meilleurs, on en demande et on en reçoit.

Acollas.— Avant le Congrès de Genève !

M. l'avocat impérial. — Parfaitement, avant le Congrès de Genève. — Écoutez cet intéressant post-scriptum d'une lettre de Naquet à Acollas : « J'ai vivement regretté d'avoir fait parler Clamageran l'autre soir. Je le croyais avec nous. Combien a-t-on recueilli d'argent mardi soir ? »

Depuis son retour de Genève, il reprend ou plutôt il continue ses projets. Le même espoir l'entraîne, le même dessein l'absorbe, et il écrit encore le 25 octobre :

« Les dictatures en sont venues à ce point d'aberration qu'elles semblent n'avoir d'autre souci que de faire comprendre aux peuples la nécessité de se débarrasser de toutes les monarchies à la fois... »

Vous connaissez maintenant les deux prévenus dont je viens de m'occuper. Je vous ai peut-être longtemps retenus sur des faits qui paraissent étrangers à la cause; mais il le fallait. Si je ne vous avais pas montré ce qu'ils veulent, ce qu'ils ont préparé, en vous montrant ce qu'ils ont dit et ce qu'ils ont écrit, j'aurais laissé à la défense le droit de vous dire qu'à côté des faits, qu'ils nient d'ailleurs, je ne trouvais rien qui justifiât la prévention; que les prévenus avaient sans doute des opinions et des espérances dont ils ne devaient compte à personne; mais que je leur prêtais gratuitement un but et des actes que leur conduite repoussait. Ce droit, messieurs, la défense l'a toujours; mais si elle en use, elle le fera, je crois, avec un moindre succès.

Si je me suis bien fait comprendre, messieurs, j'ai déjà prouvé une chose, c'est que Acollas et Naquet en étaient venus à ce point de ne pas reculer devant les manœuvres qui leur sont reprochées. Cette preuve était utile, messieurs, elle ne suffit pas. Je vais vous démontrer qu'ils les ont accomplies. Ici, messieurs, je n'ai qu'à reporter vos souvenirs aux débats que vous venez d'entendre.

Je ne me suis occupé jusqu'ici que des deux premiers prévenus. La même prévention comprend à côté d'eux Las, Verlière, Hayot. J'aurai donc, en vous exposant les faits qui la constituent, à déterminer la part que chacun d'eux y a prise, et à vous montrer ensuite que ces faits sont exactement qualifiés en droit.

J'ai à vous prouver en fait :

Que les proclamations distribuées dans la nuit du 11 novembre ont été reçues à Paris par Acollas; qu'il les a remises pour les faire distribuer à Hayot; que celui-ci, après les avoir reçues, s'est rendu avec Las chez Naquet; que chez ce dernier, où se trouvaient alors avec lui Hayot, Las et Verlière, elles ont été mises sous des enveloppes portant les adresses des destinataires, et que la distribution en a été faite par eux.

En droit :

Que la distribution de ces proclamations est bien la manœuvre pratiquée dans le but d'exciter à la haine et au mépris du gouvernement, ou de troubler la paix publique.

....

De qui émanent maintenant les proclamations ?

En fait, ceux qui ont distribué les proclamations sont Acollas, Naquet, Las, Verlière et Hayot. Voilà ce que dit la prévention.

Elle le prouve par cet ensemble de faits que les débats nous ont appris hier. Elle le prouve par tout ce faisceau de preuves matérielles et morales qui démontrent qu'il n'est pas possible que ce soit d'autres qu'eux qui aient fait cette distribution.

Tenez, il y a un double fait bien certain. Il est incontestable qu'Acollas avait en sa possession ces proclamations. Mais, dit-il, il en ignore la source. Soit ! Mais enfin l'arrivé des proclamations à Paris chez Acollas, puis la distribution de ces proclamations, voilà deux faits très-certains. Car il est incontestable également que ces proclamations ont été distribuées. Trente six ont été remises entre les mains des commissaires de police par ceux qui les avaient reçues. Il est certain que ces proclamations remises ainsi se sont trompées d'adresse. Il est certain aussi que ceux qui partagaient les opinions d'Acollas ne les ont pas remises à MM. les commissaires. Donc il y en a eu un bien plus grand nombre de distribué.

J'ajoute que les proclamations arrivées chez Acollas en sont sorties en grand nombre, car il y en a eu vingt-trois saisies chez Las, et vingt-cinq chez Hayot. Et à ce moment même, nous avons entre les mains quatre-vingt-dix de ces proclamations.

Comment sont-elles sorties de chez Acollas ? Si on le lui demande, il n'en sait rien : il ne se rappelle qu'une chose,

5

c'est qu'Hayot a pris chez lui, un jour, en venant le voir, quatre ou cinq de ces proclamations. Est-ce possible, est-ce vraisemblable ? Non ! Je l'affirme hautement. Etant donnés l'homme que vous connaissez maintenant, les faits que vous savez à présent, il est insoutenable que les proclamations soient sorties de chez lui à son insu.

A côté de cette preuve qui me paraît suffisante, il y a des faits positifs résultant à l'évidence et des déclarations d'Hayot, que vous n'avez pas voulu avoir à côté de vous.... (*Mouvement de surprise au banc des prévenus et au banc des défenseurs*). — Ce que je crois et ce que je répète, c'est que si Hayot était gêné de se trouver à côté de ses co-prévenus, vous, vous étiez contents hier de ne pas avoir à côté de vous le prévenu Hayot. Je le pense, et je le dis, il y a eu accord sur ce point entre les prévenus et leurs défenseurs. C'est mon opinion. — Je reprends : Je disais que les déclarations d'Hayot n'étaient pas seules, elles sont corroborées et confirmées par les déclarations matérielles que les agents ont faites au tribunal. Ces doubles déclarations démontrent à l'évidence la participation volontaire d'Acollas à la distribution des proclamations.

Hayot a rendu compte de ses relations avec Acollas, et surtout de ses relations avec lui dans la journée du 11 novembre, le jour où les proclamations ont dû être distribuées.

Il a raconté d'abord qu'ayant eu la veille une entrevue avec Acollas, il avait entendu Acollas et Naquet parler de ces proclamations, dire qu'elles n'étaient pas arrivées, mais qu'on les attendait, et qu'on devait les distribuer dans la soirée du 11 novembre.

Cela est-il vrai ? Je ne sais. Mais au moins ces proclamations ont bien été distribuées dans la soirée du 11 novembre, et si la distribution en a été préparée chez Naquet, la déclaration d'Hayot gagne beaucoup de vraisemblance.

Le 11 novembre, Hayot va le matin chez Acollas, une première fois, vers huit heures du matin. Il reste quelque temps chez Acollas qui n'était pas chez lui, descend, le rencontre sur le trottoir. Acollas lui dit : Je n'ai pas encore les proclamations. Il revient une seconde fois ; Acollas est avec des élèves, et lui dit : « Je vous enverrai cela chez votre père. » Hayot fait diverses courses, rentre plus tard chez son père, où il trouve le paquet de proclamations envoyé par Acollas.

Il va alors chez Naquet avec les proclamations; il y rencontre Verlière ; Verlière le nie; mais cela résulte des dépositions faites à l'audience.

Il est incontestable donc qu'Acollas est l'auteur de la distribution et qu'il est coupable de la manœuvre ; car c'est lui qui a reçu ces proclamations, et c'est lui qui s'est entendu avec Hayot pour les faire distribuer.

Comment ces proclamations sont-elles sorties de chez lui, si elles ne sont pas sorties ainsi?

Hayot dit ensuite : « Chez Naquet, on les a mises sous enveloppe et nous sommes sortis pour les distribuer. » Hayot recule alors devant ce mandat. Mais enfin elles ont été distribuées.

Si la déclaration d'Hayot est vraie, elle implique nécessairement la culpabilité d'Acollas. Or, les déclarations d'Hayot sont confirmées par les dépositions des agents. Les agents attachés à la surveillance vous ont répété tout ce qu'il avait déclaré. Si bien que les déclarations du prévenu qu'on n'a pas voulu entendre hier et aujourd'hui sont confirmées de tout point par la déclaration des agents. Et voilà ce faisceau de preuves que je vous annonçais tout à l'heure pour vous démontrer qu'Acollas s'est incontestablement rendu coupable de la manœuvre consistant dans la distribution des *imprimés* que vous connaissez.

J'arrive à Naquet ; et je parle des faits spéciaux qui le rattachent dans la journée du 11 novembre à la distribution des écrits incriminés.

Le 10 novembre, Naquet reçoit la visite de Las, qui rencontre chez lui Hayot et Verlière. Ils en sortent, et on ne les revoit plus chez Naquet que le 11 au soir, réunion dans laquelle se trouvent : Las, Hayot, Naquet, Verlière et un inconnu. Cela est certain, car cela est attesté par les agents, et cela est avoué par tout le monde, par les prévenus eux-mêmes et par leurs défenseurs. Qu'ont-ils fait là? Hayot vous le dit; mais il ne vous le dit pas seul.

«Les proclamations, dit-il, qui m'avaient été envoyées par Acollas, je les ai portées chez Naquet. Il y avait là Las et Verlière. On a mis les proclamations sons des enveloppes écrites d'avance chez Naquet. »

Si cela est, il est incontestable que le délit de manœuvre est prouvé pour Naquet. Or, la réunion a eu lieu : cela n'est pas douteux. Ces proclamations ont-elles été envoyées de chez lui ? Cela est certain, car on a trouvé dans son bureau une proclamation sous enveloppe à l'adresse de M. Imbert. Que répond Naquet à ces preuves ? Qu'un ennemi a sans doute glissé là cette proclamation pour le faire condamner. Cela n'est pas sérieux. Cette allégation toute gratuite ne peut se soutenir en présence de la réunion constatée chez lui, en présence de la déclaration d'Hayot et en présence des déclarations des agents.

Et d'ailleurs, comment un ennemi pourrait-il l'avoir mise là, le jour même où les proclamations ont été distribuées par quelqu'un dans Paris ? Comment, vous, l'intime ami d'Acollas, comment auriez-vous innocemment chez vous une proclamation mise sous enveloppe, quand on retrouve ces proclamations sur tous ceux qui sont sortis de chez vous ce soir là ? Vous dites, je le répète, une chose invraisemblable et peu sérieuse. Je dirai même, une chose impossible, car la clef du tiroir dans lequel se trouvait cette proclamation n'était pas sur ce tiroir-là. Le temps nécessaire pour ouvrir un tiroir, le refermer, en retirer la clef, et la remettre sur un autre tiroir, ce temps eût-on pu l'avoir chez vous, en votre présence, sans que vous vous en fussiez aperçu ?

J'arrive à Las, c'est un autre homme que les deux précédents. Ce n'est pas la même intelligence, c'est une intelligence moindre, mais c'est un instrument docile.

Il a un système de défense. Il était *en noce*, dit-il, je me sers de ses expressions. « Je ne me rappelle pas ; je ne me rappelle rien du tout... Je faisais la noce. »

On a trouvé chez vous vingt-trois proclamations, lui dit-on. « On les aura mises dans ma poche ; je ne peux pas me rappeler ; j'étais en noce. » Vous voyez, Messieurs, qu'on met ce jour-là beaucoup de proclamations dans la poche des gens ; et surtout dans la poche de ceux qui sortaient de la maison de Naquet ou qui y demeuraient.

A part les constatations des agents qui vous ont vu le 10 et le 11, il existe contre vous une preuve qui défie toute espèce d'essai de démonstration contraire. Cette preuve, la voici :

Chouteau a été arrêté le 12 novembre sous une autre prévention. Au moment où on l'arrête, le facteur de la poste lui remettait une enveloppe contenant huit proclamations et deux billets ainsi conçus :

« Cher citoyen Chouteau,

« Je vous envoie ces proclamations pour que vous les distribuiez de suite. Je vous verrai demain. »

Celui qui a envoyé ce billet est évidemment coupable des manœuvres dons nous parlions tout à l'heure. Or qui a écrit ce billet. Las a dit : « Ce n'est pas moi ? » Puis : « Je ne me souviens pas... J'étais en noce. » Puis enfin : « Oui, cela ressemble assez à mon écriture. »

Messieurs, rappelez-vous la déclaration si lucide et si nette de M. l'expert Delarue, et mettez sous vos yeux, seulement pour un instant, les deux écritures du billet et de Las ; et si quelqu'un ici ose douter que ce soit la même main qui ait écrit les deux billets, j'abandonne ma raison, mon intelligence, mon sens commun. Donc, je vous le dis, je m'en rapporte à l'appréciation du premier venu.

Les pièces de comparaison sont nombreuses ; je veux prendre seulement la pièce faite sous les yeux du juge d'instruction, dans laquelle le prévenu a pu dissimuler ses habitudes de main. Et ces deux écritures rapprochées par vous, messieurs, je n'insiste pas. Car, lorsque dans la chambre de vos délibérations, vous aurez rapproché les deux pièces, vous n'hésiterez pas un instant ; il n'y pas de doute possible sur un pareil point.

La participation de Las aux manœuvres incriminées est donc établie. Ce n'est pas discutable ; cela ne peut pas faire question en présence de ce fait que je vous montre, que je vous fais toucher du doigt.

Il y a un autre inculpé auquel le même délit est reproché. Je ne me dissimule pas qu'en ce qui le concerne, les preuves ne me paraissent pas, à moi-même, avoir la même puissance que pour les précédents. J'avoue même : depuis l'audience d'hier, elles nous ont semblé perdre de leur poids ; mais je n'abandonne pourtant pas pour cela la prévention contre Verlière.

Car les preuves dont je crois pouvoir m'emparer contre lui, les voici : Ses relations bien connues avec Naquet, sa présence chez Naquet le soir de la distribution ; la déclaration d'Hayot que Verlière lui a pris les déclarations qu'il avait entre les mains ; de plus l'existence sous la même enveloppe adressée à Chouteau d'un billet au crayon ainsi conçu :

« Distribuez cela dans la nuit sans faute. Demain il ne sera plus temps. »

Verlière a-t-il écrit ce billet?

A considérer la physionomie générale des deux écritures, il y a évidemment des ressemblances. L'expert vous a dit : Il y a des analogies, mais elles ne me paraissent pas de nature à entraîner l'affirmation.

Ce billet n'est-il donc pas de Verlière ; la défense répond non, avec le doute de l'expert.

Moi, messieurs, je veux prouver que c'est bien de lui et chercher ma preuve en dehors de l'expertise.

Ce billet a été mis sous la même enveloppe que le billet écrit à Chouteau par Las. Donc celui qui l'a écrit était avec Las, au moment où Las écrivait son billet. Or, qui était avec Las dans la soirée du 11 novembre au moment même où la lettre a dû être envoyée? Hayot, Verlière, Naquet et un inconnu. C'est donc nécessairement un de ces hommes qui a dû écrire le billet. Mais l'expert vous dit : de toutes les écritures qui me sont soumises, je ne vois de ressemblance qu'avec celle de Verlière. M. l'expert Delarue est très-impartial, on ne peut soupçonner ses déclarations. Il vous a dit lui-même que, malgré les analogies des deux écritures, il se garderait bien de conclure. Je retiens seulement ceci de sa déclaration. De toutes les écritures soumises à mon expertise, la seule qui ait de l'analogie avec l'écriture du billet est celle de Verlière. Et, s'il est démontré, comme je le crois, que c'est une des personnes qui étaient avec Las, qui a dû écrire le billet, il est incontestable que ce ne peut être que Verlière qui l'ait écrit; puisque son écriture est la seule qui offre des analogies avec l'écriture du billet.

Tout en reconnaissant qu'en ce qui concerne Verlière, les preuves ne rendent pas inutile la discussion, et la preuve contraire; dans mon esprit, il n'y a plus aucun doute. Lui aussi doit rester sous le coup de la prévention de manœuvres.

J'arrive maintenant à Hayot, et je me dispense de toute démonstration.

Il reconnait lui-même qu'il est allé chez Acollas, qu'Acollas lui a envoyé ces proclamations, que chez Naquet il a concouru à leur mise sous enveloppe. Donc la preuve est faite en ce qui le concerne, et je n'ai pas à insister.

Voilà donc en fait ce qui résulte de la manœuvre de distribution reprochée aux prévenus.

En droit, ces faits constituent-ils le délit de manœuvres prévu par la loi de 1858, c'est-à-dire manœuvres pouvant troubler la paix publique et de nature à exciter à la haine et au mépris du gouvernement.

Ce dernier côté de la question est incontestable. Je vous ai lu les proclamations; je n'ai pas à vous les relire.

La distribution de ces proclamations constitue-t-elle une manœuvre? Mais une manœuvre, c'est une pratique, c'est un agissement par lequel on se propose d'atteindre le résultat qu'on poursuit.

Eh bien! quand il s'agit de proclamations ayant ce caractère, il n'y a pas d'autres manœuvres qu'à les lancer dans la circulation publique, qu'à les distribuer.

Et je soutiens qu'en droit la distribution est une manœuvre du genre de celles dont parle la loi. J'ai du reste la conviction que l'honorable défenseur d'Acollas ne s'attachera pas à soutenir le contraire.

Messieurs, à côté de la prévention de manœuvres que j'ai épuisée, il y a la prévention de participation à une société secrète.

Tous les prévenus qui sont ici, moins Acollas, ont à répondre de cette prévention. Acollas était bien pourtant en affiliation avec tous ses membres, mais si tout me le montre, rien ne me le prouve, et je me garde de le dire au Tribunal.

Pour résoudre la question qui se pose maintenant, il faut examiner trois choses :

1° Y a-t-il eu une association?

2° Cette association était-elle une société secrète?

3° Les prévénus en étaient-ils membres?

Il faut que je résolve affirmativement ces trois questions; sans cela je n'aurais rien prouvé.

Y a-t-il eu association?

Mais on n'en a jamais beaucoup douté dans l'administration. Depuis longtemps, on constatait des réunions qui par leur nature et les circonstances qui les accompagnaient ne laissaient aucun doute.

Ces réunions étaient-elles celles d'une société secrète?

Mais il y a des statuts écrits. Il n'y a donc qu'à les lire pour constater ce second point.

Vous savez qu'on s'est présenté chez Chouteau, soumis à une surveillance active depuis le mois de juin. Je veux bien que le commissaire cherchât des armes ; celles qu'il a trouvées donnaient raison à ses recherches. Mais il a trouvé autre chose, il a trouvé les statuts de la *Commune révolutionnaire des Ouvriers français*.

Or, quels sont ces statuts?

Ils commencent ainsi :

« *Statuts de la Commune révolutionnaire des Ouvriers français.*

« LIBERTÉ, ÉGALITÉ, FRATERNITÉ. »

« Considérant que le régime impérial et monarchique est

le règne du despotisme, de l'ignorance et de la misère, que tous nos efforts doivent tendre à le renverser pour mettre à sa place un gouvernement démocratique et social sous le nom de République et basé sur les sublimes principes de 1789, affirmés par le matérialisme et l'athéisme,

« Considérant que notre devise : *Liberté, égalité, fraternité,* doit être affirmée par celle-ci : *l'Union fait la force;* que nous devons considérer toute scission comme un retard apporté à l'œuvre commune ;

« Considérant que tous les ouvriers sont frères, qu'ils se doivent les uns aux autres, que la plus grande solidarité doit régner entre eux et qu'ils doivent, dans l'intérêt du peuple français, désirer une révolution populaire et veiller à ce que la bourgeoisie ne leur vole pas leurs droits et leurs conquêtes ;

« Qu'il ne s'agit plus aujourd'hui de refaire les mouvements de 1848 et de 1789 qui n'ont profité qu'à quelques ambitieux,

« Nous avons sincèrement arrêté ce qui suit :

« ART. Ier Un comité révolutionnaire est formé cejourd'hui, 11 septembre 1867.

« ART. II. Il sera composé de onze membres.

« ART. III. Les membres du comité révolutionnaire pourront être changés à la volonté des citoyens, cependant, ce changement ne pourra avoir lieu que dans le cas d'une accusation sérieuse proclamée en séance générale. »

Et plus loin :

« ART. XXIII. Il n'y a aucune scission entre les ouvriers et les étudiants. Les citoyens ouvriers et les citoyens étudiants marchent au même but, et leurs hommes sont les mêmes. Ils correspondront ensemble par les soins du comité.

« ART. XXV. Les présents statuts sont susceptibles de perfectionnement. »

Enfin, au bas :

« Fait et arrêté à Paris, au siége provisoire de la Commune révolutionnaire, le 11 septembre 1867.

« Ont signé, en jurant de se conformer aux présents statuts, les citoyens soussignés : HENRI CHOUTEAU, GODICHET (F.-A.), GENOUILLE, GORAUD, MANUEL, MEILI jeune, HERMANN. »

J'espère, Messieurs, que voilà suffisamment résolu le premier point : Y a-t-il eu une association ?

Cette association porte dans ses considérants que le but de l'association est le renversement en France du gouvernement monarchique et l'établissement du gouvernement républicain. L'association est donc bien une société secrète.

J'examine maintenant le troisième point : Les prévenus étaient-ils membres de cette association ?

Ceux qui l'ont signée, évidemment. Ceux qui l'ont signée, au nombre de sept, sont : CHOUTEAU, GODICHET, GENOUILLE, GORAUD, MEILI, ADEL et HERMANN.

Adel avait d'abord dit, à l'instruction, qu'il ne savait pas écrire. On lui a prouvé qu'il avait signé son contrat de mariage. Du reste, il a reconnu à l'audience, — et j'en ai été heureux — qu'il avait bien signé lui-même les statuts.

Vous remarquerez, messieurs, parmi ces noms, ceux surtout des défaillants dont je n'ai plus maintenant à dire un mot.

Ceux qui n'ont pas signé, NAQUET, VERLIÈRE, HAYOT, LAS, sont-ils membres de la société ?

Je ne trouve pas leurs noms sur les statuts, c'est vrai, mais il y a d'autres preuves. Car vous savez, messieurs, qu'il pourrait ne pas y avoir de statuts, et pourtant y avoir une société secrète. Il faut donc que nous recherchions dans des faits extérieurs la preuve que chacun d'eux en est membre.

Naquet, par exemple. en est-il membre?

Je trouve, pour l'en convaincre, sa présence à un certain nombre de réunions, son concours actif que je noterai tout à l'heure, la conformité d'avis et de principes dans des questions qui ont quelque chose de particulier.

Il n'a pas des principes contraires à ceux de la société secrète, veux-je tout d'abord faire remarquer, et on me le concédera, j'en suis sûr. Naquet est républicain. Il l'avoue, et il s'en fait gloire. Je ne lui en fais aucune espèce de reproche; mais je le constate. Il est matérialiste et athée. En voulez-vous la preuve. Écoutez : il écrit en janvier 1866 à Victor Hugo une lettre dans laquelle il lui dit :

« Je suis fort perplexe. J'hésite entre l'accomplissement d'un devoir social et l'accomplissement d'un devoir de famille. Je suis né juif; mais vous comprenez bien que je ne suis plus rien du tout.

« Il me vient de naître un enfant; mon père qui m'envoie de l'argent, car je ne suis pas riche, me dit qu'il ne m'enverra plus rien si je ne fais pas mon enfant juif..... »

Et, en passant, je trouve dans cette lettre que vous faisiez le serment de ne pas accepter un traitement du gouvernement. J'y trouve encore ceci :

« *Républicain socialiste*, ennemi de tout despotisme gouvernemental ou religieux, je me suis promis de ne jamais faire dans ma vie aucun acte religieux. »

Je continue : Vous avez assisté à deux ou trois réunions. Vous avez reçu chez vous des gens avec qui vous ne pouviez avoir aucune relation de vie, si ce n'est la communauté de vos opinions politiques. Et ces relations se font remarquer par leur périodicité.

Mais je dis qu'il y a un fait particulier qui vous rive à la société secrète.

Un jour, le 16 octobre, chez Chouteau, au siége de la

société, rue de l'Orillon, 41, on a entendu une détonation.

Chouteau vous a dit, messieurs, qu'il s'occupait de chimie et qu'il essayait de fabriquer de la poudre, voilà son aveu. Il n'avait pas réussi, paraît-il, car le 5 novembre, — j'accepte la date donnée par Naquet, — Chouteau et Godichet se présentaient chez lui et lui demandaient une recette. Or, Chouteau et Godichet étaient deux des principaux membres de la société secrète : Godichet avait écrit les statuts, Chouteau demeurait au siége de la société.

Naquet ignorait-il qu'il livrait la formule de la poudre à des membres d'une société secrète ? Mais dans son interrogatoire, il dit qu'il avait combattu leurs résolutions de fonder leur société secrète. Donc elle existait cette société, et c'est à ces hommes que Naquet livrait sa recette !

S'il est vrai que vous ne vouliez pas être affilié à la société secrète, il y avait une chose bien simple, c'était de dire à ces deux hommes : « Vous n'y pensez pas ! Vous membres d'une société secrète dont je ne veux pas faire partie, vous me demandez une recette pour faire de la poudre, quelque temps seulement après la détonation du 16 octobre. Vous êtes fous ! Je ne veux rien vous donner. » Loin de cela, il ne leur donne pas une recette, il leur en donne deux.

Il reconnaît du reste que cette recette est de lui : mais, dit-il, c'est une étourderie — rappelez-vous ce qu'est Naquet, le fonctionnaire du gouvernement, le professeur de chimie de la Faculté de médecine, et jugez sa réponse.

Arrivons à Las. Il a assisté à seize réunions. C'est lui qui a écrit à Chouteau le billet :

« Cher citoyen Chouteau,

« Distribuez de suite ces proclamations, etc. »

Je n'insiste donc pas. Vous le connaissez maintenant, messieurs, vous le connaîtrez mieux encore quand vous lirez dans la Chambre de vos délibérations les pièces que je ne veux plus vous lire.

Verlière est-il membre de cette société secrète?

Il dit : Non, très-fort. Mais il a assisté à deux ou trois réunions; il a assisté à autre chose.....

Me Floquet. Deux réunions seulement, Monsieur l'avocat impérial. Une fois chez Chouteau et une fois chez Las.

M. l'Avocat impérial. C'est juste. Mais on l'a vu à l'affaire du boulevard Bonne-Nouvelle, et comment? Sous un déguisement. Et pourquoi? Parce qu'il croyait qu'il devait y avoir quelque chose.

Verlière soutient qu'il n'y était pas. Mais trois des témoins que vous avez entendus l'ont assuré, et l'un d'eux l'a fait avec un accent de vérité qu'on ne peut méconnaître : « Ces messieurs savent bien que ce que je dis est la vérité ! » s'est-il écrié. Cet agent a dit que Verlière était sur le boulevard Bonne-Nouvelle avec une blouse et portait sur son dos un sac d'ouvrier.

C'est donc là en quelque sorte une troisième réunion.

Mais il y a avec cela des relations bien établies entre Verlière, Las et Chouteau. Il y a un billet qui n'est pas nié par Verlière et qui est ainsi conçu :

A Chouteau,

« Trouvez-vous ce soir place de la Corderie-du-Temple, 8, ou chez Las. » Billet signé A. V. C. H., c'est-à-dire Alfred Verlière et Clément Hayot.

Donc, cette indication me suffit, Verlière et Hayot se rattachent à Chouteau. On ne s'écrit point ainsi quand on n'a point de signes de ralliement.

Enfin, en ce qui concerne Verlière, je répète ce que j'ai dit pour Naquet.

Verlière est républicain, matérialiste et athée; il l'a affirmé ici même hautement en présentant sa défense à propos de sa brochure : *Déisme et péril social*. De sorte que je trouve à la fois contre lui sa présence aux réunions, la conformité de ses principes avec des gens dont tout devait le séparer si une action commune venant de principes communs ne les avait joints, et le billet que j'ai cité en dernier lieu. Tout cela établit, selon moi, qu'il est, lui aussi, membre de la société secrète.

Mais il faut que je vous prouve que *la Commune révolutionnaire* a fonctionné comme société secrète. En effet, rappelez-vous ce que disent les prévenus : « Il a bien été question d'une association, d'une société secrète ; mais on nous a fait comprendre que c'était dangereux. Alors, nous avons enfoui les statuts, puis nous ne nous en sommes plus occupés; nous avons conservé ces statuts par mégarde, voilà tout. »

Il n'était pas si mal gardé et pas si négligemment conservé que cela, cet *instrumentum* de la société. Le 12 novembre, M. Leroi de Kéraniou fait une perquisition chez Chouteau; il descend à la cave et fait piocher le sol, et à 10 centimètres sous le sol, on trouve ces statuts dans un étui de ferblanc; ils étaient donc bien cachés, et non pas oubliés.

Mais, voyons si les faits qui ont suivi les statuts ne démontrent pas qu'ils ont fonctionné.

Les statuts disent qu'on se réunira tous les mercredis soirs chez Chouteau. Or les surveillances exercées disent qu'il y a eu dix-neuf réunions chez Chouteau le mercredi, et au local que désignent les statuts de la société.

Quels sont ceux qui viennent à ces réunions? Les signataires mêmes des statuts et ceux que je vous ai montrés affiliés.

Que faisait-on dans ces réunions? On y lisait des brochures. Et encore? Ici, je ne veux pas répéter ce que l'on m'a dit, car je n'en suis pas sûr et je ne veux pas passionner le débat. Mais je dis qu'il y a même dans les correspondances des prévenus, correspondances qui sont au dossier, plusieurs petits billets dont je ne vous lirai qu'un seul, signé Henri Chouteau, et écrit par Godichet, à la demande de Chouteau. Ce billet est adressé à un inconnu.

« Monsieur,

« J'ai eu l'honneur de vous voir chez vous, mercredi, avec le petit Verlière. Vous voudrez donc bien m'excuser.

« Mercredi, il y a chez moi réunion pour un travail important, réunion de citoyens, rue du Pressoir. Nous serions heureux de vous voir au milieu de nous ce jour-là... »

Je n'ai pas besoin de faire remarquer qu'on devait s'occuper de politique entre *citoyens*.

Voici une autre lettre, écrite par Chouteau à Grangé, dans laquelle je lis :

« Si tu préfères venir chez moi, viens le mercredi soir. J'y suis toujours. »

Toujours le mercredi, le jour fixé par les statuts de la société.

Un homme qui a quelque expérience de ces matières, le citoyen Malarmé à qui on avait écrit : Venez donc à ces réunions, répond : « J'ai trop peur de la police ; je ne veux pas me jeter dans ses bras. Votre séance de magnétisme serait bien vite transformée en toute autre chose, » et Malarmé n'y va pas. On ne le voit pas ce jour-là, le 18 octobre. Mais il avait assisté le 11 septembre à la formation des statuts révolutionnaires.

L'association a donc persisté, cela est démontré par les réunions surprises par les agents. Est-ce une société secrète? Deux mots de droit seulement.

Quelle est l'économie de la loi du 28 juillet 1848 ? Les douze premiers articles règlent l'organisation des clubs. L'article 13 dit :

« Les sociétés secrètes sont interdites. »

L'article 14 : « les réunions non politiques et non publiques seront permises à la condition d'une déclaration préalable. »

L'art. 15 : « les réunions politiques mais non publiques seront également permises, à la condition d'une autorisation préalable. »

Si vous étudiez, messieurs, la loi de 1848, vous verrez que je ne vous égare pas en vous disant cela.

Cette association est-elle un club ? Non. Est-ce une réunion non politique et non publique ? Non. Est-ce une réunion politique et non publique ? Oui. — Est-elle autorisée ? Non. — C'est donc incontestablement une société dont l'existence est défendue par l'article 13.

J'ai fini. Je devais vous apporter une double preuve, celle du délit de manœuvres et celle du délit d'affiliation à une société secrète.

J'ai la conviction que j'en ai fait la double preuve complète et certaine. Je me suis abstenu de toutes récriminations ; je n'ai pas fait de politique. J'ai jugé des faits, non des hommes ; j'ai caractérisé des délits, et non flétri des opinions. A vous, messieurs, de prévenir le danger que créent de pareils délits en faisant aux prévenus l'application de la loi.

L'audience est suspendue à une heure quarante minutes.

L'audience est reprise à une heure cinquante-cinq.

M. le Président. — Le défenseur d'Acollas a la parole.

Me Jules Favre. — Je demande au tribunal de renvoyer purement et simplement et sans dépens le prévenu Acollas des fins de la plainte.

Messieurs, après avoir écouté avec l'attention qu'il mérite le remarquable réquisitoire de M. l'avocat impérial, je ne vois pas quelle est la raison qui a pu le déterminer à donner à M. Acollas la première place dans cette prévention. Il ne s'y rattache que par le lien le plus faible, celui de la distribution de bulletins qu'il aurait communiqués à plusieurs personnes.

Quant à la société secrète établie par ces deux preuves formidables : des statuts enfouis dans une cave à fleur de de terre et des réunions d'amis familières qui auraient été attestées par des agents de police que vous avez entendus ; quant à l'existence de cette société secrète qui, je l'espère, ne tiendra pas un instant devant les efforts réunis de mes amis et confrères, M. Acollas, au dire de la prévention, y est resté complétement étranger. Je me sers de ces expressions à dessein, persuadé qu'elles traduisent exactement la loyale pensée de M. l'avocat impérial, et qu'il repousse ces insinuations dirigées contre un prévenu et qui consisteraient à faire valoir contre lui, en dehors de toute espèce de preuve légale, des présomptions qui ne doivent pas nous préoccuper dans cette enceinte.

Combien M. l'avocat impérial ne reculerait-il pas devant la nécessité de les discuter, si je les discutais sérieusement! Quoi! ce serait parce que M. Acollas serait l'ami d'un homme jeune encore, mais déjà remarqué par sa science profonde, par ses travaux méritants, que par voie d'annexion et de contagion judiciaire, M. Acollas serait suspecté. Cela ne doit pas, je crois, être discuté. Mais M. l'avocat impérial en a parlé, j'ai voulu en parler aussi.

M. Acollas n'a donc à répondre qu'à la prévention de manœuvres.

Ce délit de manœuvres que tout à l'heure, en suivant M. l'avocat impérial, je vais m'efforcer de définir et de préciser, il se rattache essentiellement à la politique, c'est indiscutable; non pourtant que sa discussion nous contraigne à discuter telle ou telle théorie politique!

J'entends faire comme M. l'avocat impérial et décliner cette responsabilité; mais alors ne serait-il pas dangereux de conclure d'une opinion bien constatée chez un prévenu à l'existence du délit qui lui est reproché et de donner carrière au procès de tendance jusqu'à en faire une preuve qui serait en matière pénale le plus considérable des périls. J'estime qu'une pareille méthode ne saurait être employée avec fruit devant vous.

M. Acollas est prévenu d'avoir distribué le 10 et le 11 novembre des écrits sur lesquels je m'expliquerai dans un instant. C'est là le point sur lequel devaient se concentrer les efforts du ministère public, et non sur les opinions de M. Acollas, qui n'avaient rien à faire en cette affaire.

Qu'est, en effet, M. Acollas? Tout le monde le sait et M. l'avocat impérial n'a pas cherché à y contredire. M. Acollas est, avant tout, un homme d'étude, de science et de conviction. Depuis vingt ans, il s'est livré aux travaux les plus sérieux et les plus profonds sur la philosophie et la législation. Là, on en conviendra, la discussion et l'examen sont libres de toute espèce d'entraves; on ne rencontre pas ces précautions jalouses, ces vigilances intéressées qui, sur d'autres matières, gênent la liberté, celle du citoyen comme celle du penseur.

M. Acollas, sur ce terrain, a fait des études variées, et il a initié un grand nombre de jeunes hommes à la science du droit. Il est l'un des répétiteurs les plus distingués de cette capitale si féconde en esprits généreux, en penseurs profonds, en nobles caractères. M. Acollas, qui consacrait de dix-sept heures à dix-huit heures par jour à ses travaux, avait bien peu de temps à s'occuper de politique. Il le faisait pourtant, à la clarté de cette flamme qui, pour l'homme intelligent, éclaire des mêmes feux les sommets de toutes les sciences. C'est ainsi, en effet, que M. Acollas était à la fois jurisconsulte, philosophe et économiste. C'est avec cette jeunesse qu'il aime, qu'il se livre à des travaux dont il est resté plus d'une trace dans le domaine de ces sciences élevées, et que les plus instruits peuvent consulter avec fruit.

Ce qui est hors de doute,—vous allez en avoir la preuve, — ce qui doit être pour M. Acollas, au point de vue des présomptions, une sorte de bouclier invulnérable : M. Acollas par la nature de son esprit, par ses habitudes, par ses goûts, par son caractère, est étranger à toute espèce d'action politique. Quand je me sers de ces mots, je crois que je suis compris ; et il faut que je le sois, car ces mots se placent au travers de la prévention que vous allez avoir à juger.

Je n'ai pas ici à rendre compte des opinions de M. Acollas, quoique je n'en éprouve aucun embarras, parce que ces opinions ne sont un mystère pour personne, et que, descendant dans les consciences et interrogeant la mienne, j'y rencontrerais des désirs, des vœux, des pensées, qui rentrent dans la théorie pure et dont je n'éprouverais aucune peine à faire l'aveu sincère.

Mais là n'est pas le procès. Sur ces tendances qui pourraient le rattacher à la prévention, je vous l'ai montré tel qu'il est, courbé sur ces labeurs qu'il aime, travaillant dix-huit heures par jour, enseignant la jeunesse, livré entièrement aux travaux absorbants qui font sa joie. Mais en interrogeant toujours le même ordre d'idées, j'ajoutais que son caractère, la direction de son esprit, ses habitudes l'éloignent nécessairement de cette action politique qu'il sait trop entourée de piégès, en ce temps, pour s'y mêler.

M. Acollas a écrit quelques monographies, notamment une qui a pour sujet la refonte de nos codes et spécialement du Code Napoléon. C'est là une noble ambition. Examiner les lois et chercher à les mettre en rapport avec les mœurs ; chercher à élaguer ce qui n'est plus en harmonie avec les besoins nouveaux, et ce qui, dès lors, est un danger, c'est faire acte de philosophe et de moraliste; c'est là, à coup sûr, l'occupation la plus noble et la plus utile à laquelle puisse se livrer un homme d'étude, et c'est ce que M. Acollas a fait.

Or, dans ce livre, je veux noter les tendances de M. Acollas, l'état, en quelque sorte, de son âme, le caractère de sa vie intellectuelle. Voici ce qu'il dit, en parlant des moyens à l'aide desquels on peut atteindre le but qu'il se propose :

« La démocratie, osons le dire hautement et fermement, ne s'est imposée jusqu'à présent que par l'irrésistible ascendant de la loi d'émancipation et de liberté qui domine l'histoire ; elle n'est point arrivée à se constituer à l'état d'idée, de science et de synthèse. Elle a eu ses apôtres, ses martyrs, ses renégats : elle a été une foi, la foi la plus humaine qui ait remué les sociétés et non la moins calomniée.

« Elle a eu ses sectaires, elle a eu même ses empiriques : il est temps qu'elle embrasse dans l'unité du Droit et de la Liberté l'ensemble de la vie sociale. »

Après avoir parlé des moyens pratiques, de développer ces choses scientifiques, il dit plus loin :

« Sous cette agitation féconde, l'âme de la France tôt ou tard se réveillera : nous arriverons quand nous pourrons ! C'est à nous qu'appartient le temps ; pour conquérir l'avenir, faisons seulement briller l'Idée ! »

L'Idée ! vous avez entendu, Messieurs, l'Idée, c'est-à-dire ce qu'il y a, à la fois, de plus noble, de plus immatériel, de plus puissant ; voilà ce qui préoccupait surtout M. Acollas. Retranché dans son cabinet, il ne se mêle à ses semblables que par ses travaux et ses conseils austères, et continue à creuser son sillon, croyant que l'avenir appartient à ses opinions.

Il est donc bien loin d'appartenir au groupe de ceux qui croient soulever la société en enfermant des statuts de société secrète dans un tube de fer-blanc. Mais encore, jamais il n'aurait pu entrer dans sa pensée qu'on pût faire quelque chose avec des écrits incendiaires qui vont immédiatement se perdre, par on ne sait quelles voies, dans les poches des commissaires de police. Il n'est pas capable de ces enfantillages. Il est de la famille de ceux qui, au mois de septembre de l'année dernière, ont pris une grande résolution, celle de se concerter en vue de la paix universelle, et ce n'est pas parce que cette résolution aurait été compromise par quelques exagérations, qu'elle devrait perdre, aux yeux de ceux qui croient, qui aiment et qui espèrent, son caractère de grandeur et de moralité. Le Congrès de Genève n'a été pour l'œuvre qu'il se proposait, qu'un grain de sénevé; mais ce grain de sénevé deviendra l'arbre gigantesque qui abritera sous son feuillage les enfants des peuples. »

Dans le temps où nous vivons, au milieu de cette anarchie organisée qui pousse les hommes à abandonner la voie du travail pour se jeter dans la voie des conquêtes et des combats, alors que nous sommes peut-être à la veille du plus affreux et du plus insensé déchirement; quand tout sollicite les nations à s'unir, à la lumière de la saine philosophie du bon sens, et qu'on les voit en méconnaître les enseignements si clairs pour se jeter dans des haines aussi farouches qu'aveugles; ah! c'est une noble et généreuse pensée que de se poser comme l'apôtre de la paix, et, dût-on ne récolter que dérisions, on est suffisamment récompensé par l'estime des gens de bien.

C'est cette pensée qui a animé M. Acollas. Il ne revendique pas pour lui seul cette grande initiative; mais, si c'est une charge aux yeux de M. l'avocat impérial, M. Acollas pourra sortir de sa modestie, et dire : « C'est moi qui ai commis ce crime! » Eh bien! oui, M. Acollas a pensé qu'un groupe d'hommes indépendants, philosophes, mais patriotes; que cette réunion, dis-je, sur une terre libre, pourrait aboutir à quelque chose qui profiterait à l'humanité tout entière.

M. l'avocat impérial trouverait-il mauvais que des jeunes hommes eussent voulu opposer leur poitrine à ce débordement qui menace d'envahir la surface entière de l'Europe? Trouverait-il mauvais que contre ce torrent dévastateur, M. Acollas ait apporté sa pioche pour aider à le détourner?

Mais s'il croit, au contraire, qu'il n'y a pas d'essais qui ne doivent être tentés, quand le but est noble et les moyens honnêtes, que nous reprochera-t-il ?

Qui sommes-nous ? Des êtres intelligents... J'allais dire : *Des êtres libres !* Je suis forcé de courber le front et de reconnaître que cette liberté, que je tiens d'en haut, elle est singulièrement amoindrie par les institutions qui nous régissent ! Et c'est même là une des causes qui expliquent à merveille que, pour la tenue de ce congrès qui devait rester dans le domaine de la théorie pure, M. Acollas ait cru devoir chercher un autre sol que celui de la France.

Quant à moi, il m'est avis que le pays jouirait d'une sécurité plus grande si une telle liberté y était permise. Mais M. Acollas est obligé de subir les faits. Ne pouvant réunir en France ceux avec qui il voulait conférer des moyens d'établir la paix générale, il a été obligé de les réunir à l'étranger.

Car Messieurs, vous le savez, tous les jours nous entendons parler du souci que prend le gouvernement des libertés publiques, et, en particulier, de l'amélioration du sort des classes ouvrières. Vous savez aussi que l'autorisation d'un congrès coopératif, où se seraient réunis ces ouvriers pour discuter leurs intérêts, n'a pas été donnée, et cela, en l'absence de toute espèce d'idées, que M. l'avocat impérial pourrait appeler séditieuses. Vous comprenez alors que M. Acollas ait été dans la nécessité d'aller en Suisse.

Ce congrès a été précédé de correspondances et de souscriptions. La prévention a trouvé dans ces correspondances la preuve que les fondateurs du congrès étaient animés de sentiments hostiles au gouvernement. Mais les sentiments peuvent-ils être incriminés ? Et sommes-nous dans la nécessité d'aimer par arrêt ? S'il en est ainsi, les tribunaux auront fort à faire. Je m'incline devant eux ; mais il y a des puissances plus fortes que les leurs, ce sont les affections.

Or, quand vous surprenez des lettres intimes, ne vous étonnez plus si vous rencontrez des expressions qui vous blessent, des jugements qui n'étaient pas faits pour paraître au grand jour, toutes choses qui, pour certains esprits, n'y font pas trop mauvaise figure, mais enfin qui auraient été condamnables si elles avaient été publiques.

Comme nous n'avons point à discuter les idées, je puis faire à M. l'avocat impérial cette concession, que quelques-uns de ceux qui se réunissaient pour le congrès n'étaient point les amis du Gouvernement à quelque heure, à quelque prix que ce soit. Mais enfin, comme ce n'est pas un crime, qu'allait-on faire à Genève? Poser le drapeau de la paix, puis appeler autour de lui toutes les forces vives qui pouvaient en assurer le triomphe. On vous a dit que de tous les points de l'Europe se réunirent des turbulents esprits, ennemis de tout ordre. Je connais beaucoup d'hommes sérieux qui y sont allés. Moi-même je m'y serais rendu si ma santé me l'avait permis. Me voilà donc compris dans cette proscription anonyme! Eh bien, je suis content d'être ainsi signalé...

M. l'Avocat impérial. — Me Favre, je vous demande pardon. Je n'ai rien dit de pareil.

Me Jules Favre. — Alors c'est moi qui ne vous ai pas compris... Dans un procès d'*intelligences*, c'est la mienne qui fait défaut...

Je dis donc, revenant à mon idée, que M. Acollas a planté à Genève le drapeau de la paix, et qu'il y a recherché les moyens les plus efficaces pour amener le succès de la cause à laquelle il s'est voué. Or, il ne me paraît pas que M. Acollas ait été responsable de ce qui a pu s'y passer, ainsi que l'a dit M. l'avocat impérial, non sans intention, je veux croire, dans son réquisitoire.

Faire disparaître les monarchies, c'est une opinion qui peut être soutenue partout, sur le territoire d'une république surtout, et même en France..., car la France a été une monarchie qui est devenue une république, puis a cessé d'être une république pour redevenir une monarchie; et, par conséquent, il n'y a aucune espèce de raison pour qu'elle ne redevienne pas, de monarchie, république.

Au congrès de la paix, on pouvait donc se demander si le meilleur moyen d'assurer la paix n'était pas d'établir la République. Si, en effet, les dissertations des membres du congrès se sont réduites à la justification de cette résolution, ils ont pu se placer sous un patronage que M. l'avocat impérial ne récusera pas. J'entendais tout à l'heure traiter Napoléon Ier de malfaiteur; on comprend parfaitement qu'au congrès de la paix, il appartenait de flétrir en lui le grand consommateur de chair humaine. Mais enfin, j'invoque le premier Empereur pour une banalité que j'ai quelque embarras à jeter dans le débat, tellement elle est connue. « Dans cinquante ans, disait-il, la France et l'Europe seront Cosaques ou Républicaines. » En disant cinquante ans, l'Empereur ne voulait pas être un prophète à échéance fixe. Mais l'Empereur prononçait une parole profonde, que je serais parfaitement en état de justifier si j'avais à le faire : Oui, les militaires se réuniront contre les nationalités, ou les nationalités, formées en républiques, triompheront des militaires. Et quand on discute ces choses à Genève, on ne fait qu'user d'un droit très-légitime, comme le faisait lui-même Napoléon Ier, qui n'était pas un révolutionnaire.

M. Acollas, dit-on, occupait à Genève une place d'honneur à côté du président Barni ; de l'autre côté était l'illustre général Garibaldi. Je n'ai pas à examiner si là, à ce moment, le général Garibaldi représentait la paix ; mais je dirai que la population suisse lui a fait un accueil enthousiaste et triomphal, et que Garibaldi ne s'est retiré, avant la clôture du congrès, que pour travailler à l'accomplissement de l'œuvre qui ne tarda pas à éclater.

M. Acollas a défendu, à Genève, l'idée démocratique qui est une idée essentiellement pacifique, idée qui vit de l'union des cœurs et de la paix, tandis que d'autres institutions vivent de la guerre !

On a dit qu'il avait eu un instant l'idée de ne pas revenir à Paris. M. Acollas n'avait certes pas l'intention de quitter la clientèle honorable, autant que fructueuse, qui l'y attendait. Mais la nature le retenait au milieu de cette Suisse dont on a tant de peine à quitter les fières montagnes et les fraîches vallées, et vers laquelle on voudrait revenir sitôt qu'on l'a quittée. Il est revenu à Paris avec le joug des vacances expirées ; et si le mois de novembre n'avait pas marqué ce terme fatal, certainement il aurait encore profité, comme voyageur et comme touriste, de l'hospitalité des cantons helvétiques.

Mais qu'a t-il fait à Paris ? M. l'avocat impérial a parlé de l'affaire de Rome ; il a parlé de mécontentement. Je suis heureux de l'entendre de sa bouche, quoique je le sûsse déjà.

Oui, la population de Paris, ordinairement si calme, a paru troublée, et des faits spontanés se sont produits dans son sein. On croit qu'ils ont été préparés ; on a entendu le cri de *vive Garibaldi !* M. l'avocat impérial appelle ces cris séditieux. Soit ! Mais vous n'avez trouvé aucune préméditation, aucune entente, aucun mot d'ordre ; vous n'avez trouvé rien de semblable. Ce serait au commencement de novembre, le 2 novembre, au cimetière Montmartre, que pour la première fois auraient éclaté ces faits séditieux qui auraient appelé l'attention de la police. Après, serait venue la manifestation du boulevard Bonne-Nouvelle, le 4 novembre. Je ne sache pas que depuis, la police de Paris, malgré sa vigilance, ait signalé une émotion quelconque. Or, ceci détruit la prévention de manœuvres et d'intelligences. M. Acollas était à Paris le 2 et le 21 novembre, et on ne signale sa présence ni à l'un ni à l'autre lieu ; quoiqu'on pût y être, sans être coupable.

M. Acollas allait commencer ses leçons, lorsqu'à la date des 12 et 13 novembre, il a été placé sous la main de la justice.

C'est le 11 novembre que M. Acollas aurait reçu les écrits lus à l'audience. C'est le 11 et le 12 qu'il en aurait laissé prendre cinq à Hayot, dit-il ; qu'il en aurait distribué volontairement un plus grand nombre, dit la prévention. C'est donc dans ces deux dates, 11 et 12 novembre qu'est renfermé le délit qui lui est imputé.

Or, je vous ferai remarquer que les 11 et 12, le calme le plus complet régnait à Paris. Nos troupes étaient parties ; il n'y avait plus à influer sur les décisions du gouvernement. Mais encore, ce qui aurait pu produire à Paris une grande agitation, l'engagement possible des troupes italiennes avec les troupes françaises, n'était plus à craindre ; les troupes italiennes étaient rentrées sur leur territoire. Il n'y avait plus ici aucune espèce de motif d'agitation. Je ne veux pas rappeler les faits qui suivirent et m'appesantir sur des événements qui me saignent le cœur....

Il est clair que, s'il n'y avait plus de causes de trouble, ces proclamations n'avaient plus de sens. Oui, ces proclamations sont délictueuses, mais enfin ces écrits évidemment ont dû être faits pour les réunions des 2 et 4 novembre. Quant à moi, je ne sais pas si ces réunions avaient été projetées à l'avance ; rien ne me le prouve. Mais puisque M. l'avocat impérial dit que ces réunions étaient projetées, il est évident que les proclamations sont un appel aux armes au moment où il n'y a plus de prétexte à l'appel aux armes, un tocsin quand l'incendie est éteint. On ne peut pas supposer que M. Acollas, qui connaissait l'esprit de la population, ait choisi le moment où la population était redevenue calme, où la cause qui l'avait excitée n'était plus, où le problème politique était résolu, pour répandre de semblables productions. Ç'aurait été une singulière fantaisie.

M. l'avocat impérial me fera cette concession, que ces proclamations n'ont pu être distribuées que dans un but coupable, afin d'enflammer les passions. Or, à la date du 11 et du 12, l'agitation avait cessé, tout était fini. On ne peut donc pas croire que ces proclamations aient été distribuées dans un but quelconque...

D'ailleurs M. Acollas les a-t-il distribuées? Je le nie. On n'a contre lui que le témoignage d'un co-prévenu qui n'a même pas le courage de soutenir ses dires devant ses camarades. Et ce n'est pas sans douleur que j'ai entendu à ce sujet M. l'avocat impérial parler d'influences de la part des prévenus et de conseils de la part de leurs défenseurs.

Je ne connais qu'un seul des prévenus ; mais j'affirme que, s'il avait voulu être éloigné d'Hayot au débat, il l'aurait dit. Est-ce que M. Hayot, qui se contredit lui-même, pouvait faire peur à quelqu'un ? Est-ce qu'on avait intérêt à ce que cet accusateur fût éloigné ?

Quant à ce qui touche les défenseurs, je dois dire à M. l'avocat impérial que son mot s'est trompé d'adresse. Nous avons pour habitude de ne jamais entraver la vérité par aucune décision, par aucun conseil. Toutes les fois qu'une divergence grave se manifeste entre le défenseur et le prévenu, le devoir du défenseur, et il n'y manque jamais, est d'abandonner la barre où il ne serait plus libre.

Dans cette circonstance, les renseignements fournis à M. l'avocat impérial sont donc complétement inexacts : les prévenus désiraient qu'Hayot fût présent, lui seul a demandé à être éloigné des débats; c'est le trouble de sa conscience qui le faisait agir ainsi.

C'est lui qui a fait appeler M. le commissaire de police Nus et qui lui a fait des aveux spontanés. Il dit là que M. Acollas lui a remis différents papiers pour les distribuer. Mais cette déposition est modifiée par une seconde, où il s'exprime ainsi :

« Les imprimés étaient arrivés chez M. Acollas. Je ne me rappelle pas où ils étaient placés. J'en pris cinq dans un but de curiosité, et nullement dans l'intention de les distribuer. »

Nous sommes vis-à-vis d'un accusateur qui ne veut pas paraître à l'audience. Et M. l'avocat impérial, lisant les dépositions de cet accusateur, n'a même pris dans ces dépositions que ce qui lui a plu. Témoignage trois fois nul! Car il n'aurait jamais été accepté dans l'ancien droit criminel, car il émane d'un co-prévenu, car M. l'avocat impérial lui a fait subir encore une dissection!

Quand la déclaration du co-prévenu est complétement libératoire pour M. Acollas, il retranche ce qui vient éclairer la vérité, et il dit : « Les proclamations ont été prises pour être distribuées; » et il ajoute que le paquet porté chez M. Hayot a été envoyé par M. Acollas. Or, voici ce que dit M. Hayot :

« Je n'ai pris que cinq exemplaires dans un but de curiosité, et nullement dans l'intention de les distribuer. Quant aux autres, une personne inconnue *que j'ai tout lieu de croire* avoir été envoyée par M. Acollas, a porté chez moi une centaine environ de proclamations. »

Quoi! M. Acollas serait coupable, parce qu'*il y a lieu de croire* que c'est lui qui a fait remettre ce paquet! M. Hayot n'affirme pas que c'est M. Acollas qui lui a envoyé le paquet. Il n'a rien dit de plus que ce que je viens de lire...

M. L'Avocat impérial. Voulez-vous permettre, Me J. Favre! Vous m'avez dit tout à l'heure des choses personnelles, que j'ai laissé passer. Je sais fort bien que votre intelligence est au-dessus de la mienne. Mais, si je suis inférieur à quelques-uns par l'intelligence, je prétends être l'égal de tout le monde par la bonne foi.

J'ai dit, que dans sa première visite, Hayot avait pris cinq exemplaires chez Acollas; cela résulte de sa déposition et de l'aveu d'Acollas. J'ai dit ensuite que dans un autre interrogatoire il avait dit ceci : « M Acollas m'avait promis d'envoyer ce paquet chez mon père, et à mon retour j'ai trouvé en effet ce paquet chez mon père.» C'est la déposition même d'Hayot que je lis en ce moment.

Voilà ce que j'avais à vous dire.

Me J. Favre. J'accepte l'interruption de M. l'avocat impérial en ce qui me concerne.

C'est le procédé dont il se sert que j'attaque, et non l'homme. Il n'y a donc rien de personnel, je le prie de le croire, dans mes paroles. Quelque honnêtes que nous soyons, nous pouvons tous être entraînés à négliger, dans une affaire où nous sommes en jeu, ce qui peut nous nuire et à rechercher ce qui peut nous servir.

Eh bien! ce que M. l'avocat impérial vient de dire ne nuit en rien à mon argumentation; je disais que M. Hayot n'avait donné sur ce point aucune affirmation; il procédait par induction tout simplement. Il était, en effet, impossible d'affirmer que ce paquet avait été remis chez lui par les soins de M. Acollas. Car tant de proclamations ont été envoyées à divers citoyens que celles-là pouvaient bien n'être pas envoyées par M. Acollas.

M. Acollas affirme que, M. Hayot ayant pris cinq proclamations, il a brûlé les autres. Ce qui revient à dire qu'il ne s'en est pas servi. Et ici je rencontre la singulière affirmation de M. l'avocat impérial. «Il existe, dit-il, quatre-vingt-dix proclamations entre nos mains, donc M. Acollas les a fait distribuer.» Cette affirmation est téméraire. Pour qu'elle fût véridique, il faudrait tout d'abord qu'on démontrât que toutes les proclamations qui ont pénétré dans Paris ont passé par le domicile de M. Acollas. Cette preuve, on ne l'a pas faite. Ce raisonnement n'est donc pas très-solide : les prémisses ne sont pas établies, on ne peut en déduire de conséquences.

Nous pourrions tous dire, les uns et les autres, que nous recevons bien souvent sous enveloppe des proclamations, ds écrits séditieux que nous conservons si nous sommes des collectionneurs, que nous jetons au feu si nous sommes des hommes pressés; mais qui n'engagent en rien notre responsabilité. Ceux qui reçoivent ces documents sont naturellement les hommes les plus en vue par leur nom et leur influence; on a ainsi des amis maladroits qui pensent toujours que le moment est venu de pousser au mouvement. Est-on responsable de la fougue de ces amis inconnus? Nullement.

Madame Acollas, dit-on, a pu les apporter de Belgique. Mais on n'en a pas fait la preuve. Moi aussi, j'en ai reçu de ces proclamations, et elles me sont arrivées par la poste. A propos de proclamations, je me rappelle ce fait bizarre : Un de mes amis avait reçu des proclamations incendiaires; il me dit : Vous devez en avoir reçu aussi, je dis non, ne les ayant point vues; mais en rentrant chez moi et cherchant dans mes papiers, je les trouve en effet. Et maintenant encore je suis sûr que dans mes papiers, si l'on cherchait bien, M. l'avocat impérial pourrait faire un dossier terrible contre moi, et que je n'aurais plus qu'à aller passer ma vie en prison avec la plus grande résignation.

On ne peut donc attribuer à M. Acollas que ce qui est juridiquement prouvé.

Mais nous nous demandons si un fait aussi simple, qui ne peut avoir eu aucunes conséquences fâcheuses au moment où il se produisait, si vraiment un fait de cette nature peut être considéré comme une manœuvre tendant à troubler la paix publique. M. l'avocat impérial n'a pas cru que la chose pût être mise en question; cela l'a dispensé d'en faire la preuve. Et vraiment ce mot de *manœuvres* est si vague, que je comprends sa difficulté.

Manœuvres et intelligences à l'intérieur! Mais tout rentre là-dedans; tout ce qu'on fait, tout ce qu'on dit, tout ce qu'on pense! Et si la justice voulait quitter ses traditions de devoir et d'indépendance, elle emprisonnerait tous les citoyens à la faveur de ce délit.

Vous savez, messieurs, à quelle occasion fut édictée la loi de 1858. Un douloureux attentat l'a provoquée et alors, s'écartant des principes jusqu'alors appliqués, recherchant non plus dans le droit ni dans la justice, mais dans l'arsenal de la politique pour protéger des situations qu'on croyait menacées, on a inventé ce délit qui n'avait de précédents nulle part. Le président du conseil d'État a déclaré qu'il avait échappé jusque-là à la sagacité de nos pères. Il me semble que nos pères avaient des yeux assez exercés et que que ce qui leur échappait avait grande chance de ne point exister. C'est un délit imaginaire, qui jamais n'aurait dû trouver place dans notre Droit pénal.

C'est dans le Code pénal de 1791 qu'on avait trouvé ces mots de *manœuvres* et d'*intelligences*; mais ils s'appliquaient aux manœuvres et intelligences *à l'extérieur*, ils étaient faits contre les ennemis de la France. Et vraiment, ça a été pour moi un moment de tristesse et d'humiliation le jour où la société française en a été réduite, en 1858, pour se défendre, à prendre un texte qui s'applique aux ennemis de la France et à l'appliquer à des Français : ce sont des Français qu'on appelle les ennemis de la France!

Si je mettais sous vos yeux les discussions qui ont précédé la formation du Code pénal de 1791, vous verriez, que même alors que ces expressions s'appliquaient aux ennemis de l'étranger, elles avaient ému les jurisconsultes qui discutaient ces lois.

Mais venons aux discussions de la loi de 1858.

Il faut définir les expressions de *machinations* (le mot *manœuvres* n'existait pas alors ; il a été emprunté au Code civil), de *machinations* et *d'intelligence*, expressions vagues dont le sens est indéterminé, dont les limites sont arbitraires. Dans le sein même du conseil d'État, on voulait prendre des mots bien explicatifs, et quelqu'un proposa le mot de *conspiration contre l'État*. Des explications fournies par les auteurs de la loi au Corps législatif, il résulte que, dans l'esprit du législateur, les expressions de *manœuvres, machinations* et *intelligences* ne sont qu'une spécification du crime juridique de conspiration qu'on veut pouvoir atteindre dans toutes ses manifestations. Voilà un langage clair et qui resserre le sens de ces expressions si vagues.

Machinations et *intelligences* veulent tout dire ; mais, afin que le juge ne s'égare pas, il doit être averti que cela ne peut s'appliquer qu'à un fait de conspiration; non à un délit de telle ou telle nature, mais à un fait.

Les explications du rapporteur de la loi de 1858 n'ont rien de contraire à ce commentaire. Dans le rapport fait par M. de Morny, je vois cette phrase, — on était laconique alors au Corps législatif : — « Les articles qui vous sont présentés comblent une lacune de notre Code criminel. » J'ai peur qu'on ait voulu dire : « de notre Code politique ! »

Ce qui est certain, c'est qu'il est impossible aux commissaires du gouvernement d'arriver à quelque chose de clair. Ils disent que ces expressions ont déjà été employées vis-à-vis de l'étranger, et ils terminent par cette déclaration : « Les tribunaux peuvent considérer comme coupables de manœuvres et d'intelligences à l'intérieur ceux qui auront conspiré, sous quelque forme que ce soit, contre la sûreté de l'État. »

Ces mots *manœuvres* et *intelligences* sont ainsi définis par les auteurs de la loi et la jurisprudence : « Une lettre saisie renfermant un blâme, une attaque même contre le gouvernement ne caractérise pas les manœuvres. Ce qui caractérise les manœuvres, c'est *l'habitude* et le *but coupable*.. »

Avez-vous *l'habitude* dans cette cause? Avez-vous *le but coupable*? Je vous ai montré que non. En rapprochant les dates, je vous ai montré que ces proclamations venaient après les événements qu'elles auraient pu avoir en vue. Et m'en référant à l'explication si sage et si juridique de M. Faustin Hélie, je vous ai dit avec lui : Oui, si à côté des actes de conspiration que vous ne pouvez saisir, vous rencontrez des actes dont le but coupable soit facile à vérifier, dont l'habitude est connue, vous avez le délit de *manœuvres*.

Mais, dans le seul fait d'avoir eu des écrits séditieux, il n'y a pas là d'*intelligences* dans le sens de la loi. Car, remarquez le texte même de le loi. Il ne suffit pas que l'écrit ait eu pour caractère d'exciter à la haine et au mépris du gouvernement ; il faut encore qu'il ait été distribué dans le but de troubler la paix publique.

La question ainsi réduite, dégagée de tout document étranger, posée devant des magistrats intègres et indépendants, ne peut faire aucune difficulté. Et j'aurais pu me contenter d'enfermer ma discussion dans le texte même de la loi. *En-*

tretenir des intelligences ! Ne voyez-vous pas là une série de faits concomitants tendant à un même but? Au contraire, quand il n'y a eu qu'un fait, un seul, comment pouvez-vous appliquer cette loi, loi qui a causé tant d'émotion dans le pays, tant d'émotion même parmi ceux qui l'ont votée!

Quoi! c'est cette loi que vous appliqueriez à M. Acollas! Plus la loi est rigoureuse, plus son texte contrarie les sentiments d'humanité qui dirigent toujours un tribunal, et plus il faut de preuves sérieuses pour que l'application de cette loi soit prononcée. Vous n'avez comme preuves que la déposition d'un dénonciateur, d'un coprévenu qui a rejeté toute la responsabilité sur les autres prévenus, afin de se sauver.

M. Acollas n'a donc rien à redouter des sévères réquisitions de M. l'avocat impérial.

Si vous consultez son passé, vous trouverez un homme, tout occupé de fortes études et de profonds travaux, qui jette sur l'avenir un regard animé par une foi sincère, mais qui désavoue de toutes ses forces l'appel à la violence qui ne peut être le fait que d'hommes égarés ou de provocateurs.

Si enfin vous détachez ce fantôme qui est derrière la scène et qu'on n'ose pas montrer, vous penserez comme moi, qu'il n'y a aucun moyen de prononcer la condamnation qu'on vous demande.

M. l'Avocat impérial. — Avant que le défenseur de Naquet prenne la parole, je veux faire une rectification. J'ai lu l'extrait d'une lettre par laquelle Naquet s'adressait à Victor Hugo pour lui demander un conseil ou un appui. J'ai indiqué que cette lettre était de janvier 1866. Il y a, en effet, sur la lettre, 12 janvier 66. Seulement 66 est un chiffre qui, par la manière dont il est placé, ne doit pas être une date, mais un numéro d'ordre. Je viens de m'en apercevoir en regardant plus attentivement la lettre.

M. le Président. — La parole est au défenseur de Naquet.

Me Crémieux. — Je demande au Tribunal de renvoyer purement et sans dépens M. Naquet des fins de la double prévention portée contre lui.

Messieurs, en matière politique, je me suis toujours appliqué à ne négliger aucun détail. Car je vois qu'on raisonne autrement qu'en matière civile, et je vois cela depuis cinquante ans. Je n'en suis donc pas surpris.

Sous la première Restauration, sous la seconde Restauration, sous Louis-Philippe, sous la République, c'était la même chose. Mais pendant les années où, sous ces divers gouvernements, les affaires politiques étaient du ressort du jury, les acquittements n'étaient pas rares, quoique le jury fît bonne justice. Aujourd'hui la politique vient se faire juger par les tribunaux; les difficultés de la défense sont bien autrement grandes : les accusations ne craignent pas d'appeler à leur aide les arguments les plus extraordinaires. Ici, par exemple, voici le prévenu d'un délit politique appelé : pratique de manœuvres et d'intelligences à l'intérieur pour exciter à la haine et au mépris du gouvernement. Sur quoi se fonde la prévention ? Le coupable a mis des proclamations séditieuses sous des enveloppes ! On a trouvé chez lui une enveloppe avec une adresse qui n'était pas de sa main et renfermant une proclamation.

N'ai-je pas raison de dire que c'est là un argument bien extraordinaire ?

Supposez la prévention d'un délit quelconque non politique, est-ce qu'on songerait à l'établir avec une pareille preuve ?... Si on le faisait, on exciterait le sourire ; mais, en politique, c'est bien différent. On a porté chez Naquet un paquet de circulaires qu'Acollas avait chez lui ; Naquet les a mises sous enveloppes, écrivant les adresses. Donc il est coupable d'avoir pratiqué des machinations, des manœuvres à l'intérieur pour exciter au mépris, à la haine du gouvernement ! Et cette conclusion est toute naturelle aux yeux du ministère public. Il comprend à peine qu'on veuille la discuter.

C'est qu'en effet, Messieurs, la politique, l'opinion politique est une foi, une religion. Penser autrement que nous, c'est être coupable. Nous voyons tout avec les yeux de notre foi, et alors conviction du ministère public pour accuser ; conviction du magistrat pour condamner ; — heureusement, conviction de l'avocat pour défendre.

Eh bien, marchons dans cette défense, au milieu de ces éléments, et voyons si une condamnation est possible. Avant tout, fixons le délit. Naquet n'est pas prévenu d'excitation à la haine et au mépris du gouvernement. C'est là un délit particulier qu'on ne lui impute pas. J'aurais compris alors la poursuite : les proclamations excitent à la haine, au mépris. Mais non, il ne s'agit pas de cela. M. Naquet a pratiqué des intelligences et des manœuvres à l'intérieur pour exciter à la haine et au mépris. Examinons :

Que pouvez-vous mettre sur le compte du prévenu ? Voilà des proclamations. Lui reprochez-vous de les avoir composées ? Pas un mot. — Elles sont imprimées. Lui reprochez-vous d'en avoir fait ou ordonné, ou dirigé l'impression ? Pas un mot.

Donc il ne peut être condamné ou comme auteur, ou comme imprimeur, ou comme ayant dirigé l'impression de ces proclamations. Donc, jusqu'à présent, point de manœuvres, point d'intelligences à l'intérieur, à invoquer contre lui.

Mais voici qui est plus fort. Les proclamations sont imprimées en Belgique. Et vous l'accusez d'intelligences et de manœuvres à l'intérieur. Oh, politique ! politique !

C'est donc comme je le disais : un paquet de ces proclamations portées chez Naquet, mises par lui sous enveloppes et une enveloppe cachetée dans laquelle on a trouvé une proclamation ; voilà les intelligences et les manœuvres de Naquet à l'intérieur.

M. L'AVOCAT IMPÉRIAL. — Pardon, Me Crémieux. La prévention d'intelligences n'existe pas. L'acte de renvoi ne parle que de manœuvres. Je vous fais cette observation pour que vous ne discutiez pas le délit d'intelligences qui n'est pas reproché.

Me CRÉMIEUX. — Je vous remercie, il ne faut pas, en effet, plaider à côté de la question ; et certes, je ne veux pas la changer.

Je reprends. Voici ce que dit Hayot : « Je suis allé le matin chez Acollas ; il y avait là quelques imprimés dont j'ai pris quatre ou cinq exemplaires, et, dans le courant de la journée, j'en ai reçu, de chez Acollas, un paquet qui en contenait à peu près une centaine. On est allé chez Naquet, on les a mis sous enveloppes ; Naquet a écrit les adresses, puis on les a jetés à la poste. » Je suppose vraie cette déclaration. Que peut-on imputer à Naquet ? Les proclamations avaient été envoyées chez Acollas, non chez lui. Hayot en avait pris quatre ou cinq chez Acollas, non chez Naquet ; Acollas en avait envoyé une centaine chez Hayot, non chez Naquet. Jusqu'à présent, rien contre Naquet. Mais chez lui, on a mis les lettres sous enveloppes, et Naquet a mis les adresses, et les enveloppes ont été jetées à la poste par Hayot ou par d'autres. Donc, proclamations mises sous enveloppes chez Naquet, et adresses mises par Naquet ; voilà tout, rien de plus. Où sont les manœuvres de Naquet à l'intérieur ? Des manœuvres ! Mais faites le mot aussi élastique qu'il vous plaira. Envelopper les proclamations, mettre des adresses sur ces enveloppes, vous appelez cela des manœuvres à l'intérieur. Oh, politique ! politique !

Et maintenant, permettez-moi de vous rappeler une circonstance curieuse. Voilà cent proclamations adressées par Naquet à cent destinataires. Qu'est-ce qu'on en fait ? Par quelles manœuvres arriveront-elles à leurs adresses ? Hayot les met bravement à la poste. Voilà, Messieurs, la manœuvre ! Hayot en est l'auteur, Naquet le complice ! N'est-ce pas que c'est pitié ?

Mais, attendez ! Cent ont été mises à la poste : voilà que la police en a déposé quatre-vingt-dix au dossier. Quatre-vingt-dix destinataires sur cent, choisis par Naquet, ont livré leurs lettres à la police ! Avouons que Naquet a merveilleusement manœuvré à l'intérieur ! Des manœuvres sont au moins des actes clandestins. La poste, les boîtes à lettres ; voilà ma clandestinité !..

Dites que j'ai excité, par l'envoi des proclamations, à la haine et au mépris du gouvernement, soit ! mais que j'ai pratiqué des manœuvres !... Encore une fois, quelles manœuvres ? J'ai mis des adresses !...

Mais allons plus avant : les ai-je mises ces adresses ? Qui donc le déclare ? Hayot. Pauvre jeune homme ! Son père présent, devant le juge d'instruction, il dit tout ce qui pourra le mettre à l'abri! Comment vous fier à sa déclaration? Mais soit, Hayot a dit la vérité, il faut croire à sa déclaration. Je le veux bien; mais il a fait deux déclarations. Dans la première, il a dit : « On a mis les lettres sous enveloppes, Naquet a mis les adresses. » Oui. Et, dans la seconde, il a dit : « J'ai mis les imprimés sous enveloppes : en ma présence, il n'a été mis aucune adresse. »

Ainsi tombe le seul indice que vous élevez contre Naquet. Hayot ne l'a pas vu mettre les adresses. Et voulez-vous, d'ailleurs, une preuve flagrante que Naquet ne les a pas mises? Vous avez quatre-vingt-dix lettres sur cent; pas une adresse n'est de la main de Naquet!

Alors on se récrie : celles que produit l'accusation, ce ne sont pas celles que Naquet adressait à ses amis; ce sont quatre-vingt-dix autres lettres. Permettez, c'est à s'y perdre. Qui donc a parlé de proclamations? Hayot. Qui donc en a fixé le nombre à cent? Hayot. Qui a dit que Naquet avait écrit les adresses? Hayot. Qui a dit le contraire? Hayot, Hayot seul. Où donc avez vous, dans cette immense procédure, une indication quelconque d'autres proclamations? Nulle part. Vous créez une accusation sans procédure, sans témoignage, pour le besoin de votre procès qui s'écroule! Mais nous savons bien qu'il est facile de faire imprimer des proclamations, de les envoyer à des destinataires qui viendront vous les remettre... Laissons. Vous ne prouvez aucune manœuvre, votre délit n'existe pas.

Mais on a trouvé chez Naquet une enveloppe dans laquelle était une proclamation. Naquet a dit : « Ou c'est un ennemi qui a glissé chez moi cette enveloppe, ou c'est un ami; si c'était un ami, il est bien évident que je ne le nommerais pas; si c'est un ennemi, comment puis-je le signaler? Cette enveloppe est fermée, je n'en ai fait aucun usage. Voulez-vous que ce soit moi qui l'aie préparée? Est-ce une tentative de délit? J'y consens, mais la tentative du délit que vous poursuivez n'est pas punie par la loi. Et enfin, car je ne saurais trop le répéter, comment cette enveloppe, trouvée dans mon sécretaire fermé, peut-elle me rendre coupable de manœuvres à l'intérieur? »

A ses preuves décisives, la prévention ajoute une présomption morale qui ne laisse aucun doute possible sur la culpabilité. Ces proclamations, dit-elle, vous ne pouvez pas les nier, elles reproduisent ce que vous et Acollas, si étroitement liés, vous avez hautement déclaré à Genève; ce sont vos opinions politiques. Mais d'abord est-ce qu'Acollas et Naquet sont seuls en France partisans de ces opinions subversives? Comment! Nous vivons en révolutions perpétuelles; vous avez eu deux rois chassés en quinze ans; une république renversée après trois ou quatre ans d'existence; un empire immédiatement formé, et vous trouvez extraordinaire qu'on puisse rêver le renversement de l'Empire!

Oui, les deux prévenus sont étroitement liés. Leur amitié se fonde sur une estime réciproque, et chacun d'eux se félicite de son ami. Ce sont, en effet, deux hommes éminents par le savoir, entourés de l'estime publique, du respect de leurs élèves, de la bienveillante affection de leurs collègues. Contre de pareils hommes, les preuves, pour arriver à une condamnation, doivent être éclatantes. Ils ont parlé séditieusement à Genève? Poursuivez-les pour Genève. La loi ne vous le permettait pas alors? C'est malheureux, sans doute. Mais comment leur imputer à délit ce qui ne peut être l'objet d'une poursuite?

On me dit que la loi répressive de ce curieux délit expire en 1868. Tant mieux! Nous n'aurons plus à la discuter devant vous. Il y en a tant d'autres délits politiques! Les poursuites n'ont manqué à aucun gouvernement. J'ai défendu le *National* et la *Gazette de France*, Armand Carrel et M. de Genoude, Marrast et Proudhon. Proudhon et M. de Genoude acquittés! Celui-ci, je le défendais une dernière fois devant un jury républicain, c'est-à-dire sous la République. C'était un homme charmant que M. de Genoude, conteur spirituel, raisonneur aimable et d'une rare instruction. Il avait la faiblesse de regretter la branche aînée, d'adorer Henri V et, ma foi, il avait osé exprimer son sentiment dans un numéro de son journal. Que de foudres lancées contre lui par l'accusation! Et moi je disais aux jurés : « Mais nous aurons donc toujours des procès de presse? Comment! voilà un royaliste qui se plaint de n'avoir plus son antique race de rois et vous lui faites un procès! mais s'il se plaint, c'est qu'il est vaincu, et l'on veut que vous frappiez un vaincu ! Il voudrait ses rois, mais c'est parce qu'il ne les a pas. Voulez-vous proscrire le culte des souvenirs et des regrets ? Laissons à toutes les opinions le champ libre, combattons la plume avec la plume. Voici des royalistes aînés, voici des royalistes cadets, voici des impériaux, voici des républicains de la veille, du jour, du lendemain ; mais c'est tout simple. Voudriez-vous que le parti dominant écrasât tous les autres ? Ce serait une belle situation que celle de notre pays, où le fort d'aujourd'hui tuerait le fort d'hier devenu le faible, sauf quand de haineux débris redeviendraient puissants, à être lui-même enterré sous leur faveur ! Tendons-nous la main, on dira : Vive la République. »

Le jury acquitta.

Et ne serait-ce pas une chose merveilleuse que l'union ! « Quel bonheur ! disait un membre de notre gouvernement provisoire, si nous voyions dans cette grande allée des Tuileries se promener et se coudoyer Henri V, toute cette famille d'Orléans, nos vieux et nos jeunes noms républicains et la famille Bonaparte ! Réalisons ce rêve et ouvrons la porte de la patrie à tous. »

Ecoutez, Messieurs, la vieille expérience d'un homme qui n'est pas méchant (on rit). Tous les gouvernements agissent de la même manière : Nous voici encore aux procès politiques comme en 1817, comme en 1826, comme en 1837, comme en 1846. C'est là une mauvaise pente que suivent les gouvernements, sans que l'un se souvienne des fautes de l'autre. Messieurs, que les magistrats, soucieux comme vous de leurs devoirs, arrêtent le pouvoir dans cette mauvaise voie ! On a mis dans la bouche du Premier Président Séguier, ce mot devenu célèbre : *La Cour rend des arrêts, et non pas des services.* Je tiens de lui-même que le mot est de pure invention ! M. Séguier avait trop d'esprit et trop de dignité pour avoir tenu ce langage ; il suppose à la fois, dans le pouvoir, la pensée de dominer la justice, dans la justice l'idée qu'on aurait voulu attenter à son indépendance. Non, non, la Cour rend des arrêts qui sont des services, arrêts pleins d'indépendance et de sagesse, qui montrent l'abîme et le ferment devant l'exaltation politique du pouvoir. Oui, quand vous voyez le gouvernement qui déborde, vous demandant des condamnations que vous ne pouvez lui accorder, que vos jugements soient l'avertissement d'en haut. Rétablissez l'équilibre. Les gouvernements ! Ils sont entourés, assiégés par les flatteurs ; l'adulation les enveloppe d'un nuage d'encens, exaltant leur puissance, mais ce poison funeste précipite la chûte des princes : Napoléon Ier meurt à Sainte-Hélène, Louis XVIII est chassé, Charles X quitte la France, Louis-Philippe disparaît en quelques instants. Tous ont marché dans la même voie, tous périssent de la même manière. Messieurs, éclairez la monarchie, arrêtez-la sur cette pente, et que la sagesse de vos jugements anéantisse ces tristes procès politiques. Quelle gloire pour vous !

Mais j'ai hâte d'arriver à la prévention de société secrète. Les sociétés secrètes sont un fléau pour la liberté. J'en ai toujours été l'ennemi le plus ardent. En 1830, j'étais devant la Cour d'assises d'Agen, — il y avait alors des sociétés secrètes, — et j'adressais au public qui assiégeait l'enceinte de la salle une vive allocution contre les sociétés secrètes : « Ah ! vous vous figurez, disais-je, quand vous êtes en société secrète, que vous êtes avec des amis sur lesquels vous pouvez compter ! Non, non ! Sur vingt que vous êtes, vous avez quatre espions de police parmi vous. Qui donc ? Vous n'en savez rien ; la police le sait. » Et M. le président Faucon, s'excusant de m'interrompre, dit à l'auditoire : « Messieurs, ce n'est pas moi qui vous parle ainsi de sociétés secrètes ; celui qui s'élève contre elles, c'est l'ancien membre du Gouvernement provisoire, l'homme dont les opinions ne sont pas douteuses pour vous, c'est M. Crémieux que vous connaissez bien. »

C'est en effet une chose déplorable que les sociétés secrètes ; c'est un piège de la police dans lequel vous serez toujours pris. Ici, par exemple, combien y a-t-il d'espions de police ? Voyez : On a mis les statuts dans un tuyau de zinc, le tuyau est enterré dans la cave, sous une dalle, à quinze centimètres de profondeur. Le premier acte du commissaire de police est celui-ci : il se rend dans la cave, fait enlever la dalle, creuser avec la bêche à 15 centimètres. Voilà l'étui ! Il fait ouvrir l'étui ; voici les statuts ! Comme c'est malin !...

Mais enfin, M. Naquet a-t-il été membre d'une société secrète? Pour moi, j'affirme que, si elle existait, il vous est impossible de prouver que Naquet en faisait partie.

Le ministère public en voit la preuve dans les dépositions des agents et dans une *formule* écrite par Naquet.

Que disent les témoins? On a constaté 24 réunions. Combien de fois a-t-on vu Naquet, les jours où l'on admet qu'avaient lieu ces réunions secrètes? Trois fois. Mais pourtant, M. Naquet est un homme d'une grande importance. Pour ceux qui voudraient faire une société secrète avec lui, c'est un bouclier, c'est au moins un guide, et ils le laisseront vingt-une fois en dehors de leurs réunions sur 24 fois qu'ils se réunissent!

Mais dans ces réunions, que se passait-il? Quand j'ai plaidé, pour la dernière fois, une affaire de société secrète, c'était en 1854, un rapport d'agents nous disait au moins ce qui se passait dans cette société secrète. Ici, rien. Personne n'a assisté aux réunions, personne ne raconte ce qu'on y faisait.

Aux trois réunions auxquelles assistait M. Naquet, que s'est-il passé? Dites-le moi. Vous n'en savez rien. Et vous demandez des condamnations!

Nous avons d'abord, dites-vous, des écrits qui ne peuvent laisser aucun doute. Quels sont ces écrits? D'abord les statuts; mais chose curieuse, ils n'ont ni la signature de Naquet, ni la signature d'Acollas. Les deux amis intimes n'ont pas signé : Acollas n'est pas même poursuivi comme faisant partie de la société secrète, et vous voulez que Naquet, se séparant de son ami, en soit membre, lui! Comment! Deux hommes, qui s'entendent si bien pour renverser le gouvernement, se seront séparés dans la formation d'une société secrète. Non, non, si ni l'un ni l'autre n'a signé les statuts, c'est que ni l'un ni l'autre n'a fait partie de l'association. Attendez, Messieurs! Naquet n'en voulait pas de société secrète. Toutes les déclarations des prévenus établissent qu'il a fait tous ses efforts pour faire anéantir ces statuts, pour qu'ils fussent déchirés. Mais ces statuts déclarent qu'ils sont formés pour l'établissement de la République par la destruction de la monarchie, et qu'ils sont fondés sur l'athéisme et le matérialisme. Or, M. Naquet est républicain, matérialiste, athée; M. Naquet a écrit à Victor Hugo pour le consulter sur la façon d'élever son fils en dehors de toute religion. Faut-il d'autres preuves de sa participation aux statuts et à la société secrète?

Comment! vous allez fouiller dans les arcanes de ma vie, prendre une lettre confidentielle et la lire ici! Pourquoi? Dans quel but? En pouviez-vous faire usage contre nous? Est-ce un délit d'être athée, d'être matérialiste, d'être républicain dans une lettre confidentielle! Pourquoi venez-vous produire cette lettre à l'audience? Voulez-vous soulever ici des questions de doctrine religieuse? De grandes querelles subsistent entre les matérialistes et les spiritualistes. Avons-nous à nous en mêler ? Faudra-t-il donc discuter aussi dans cette enceinte? Nous faut-il ici proclamer que la vérité se trouve ou dans l'opinion philosophique appelée matérialisme, ou dans l'opinion philosophique appelée spiritualisme?

« Nous n'avons jamais élevé de bûchers pour convaincre nos adversaires, disent les matérialistes, tandis que les flammes de vos bûchers ont éclairé vos doctrines dans tout le courant de l'histoire. »

Est-ce ce matérialisme que vous venez attaquer ici? Prenez-vous fait et cause pour une des deux opinions ?

Mais celui qui ne croit à aucune religion, pouvons-nous le forcer d'en adopter une, de croire en Dieu quand il ne le voit pas dans l'univers tout entier?

Je le répète, je vois avec douleur que vous avez apporté cette lettre à l'audience...

M. l'Avocat impérial. — Je n'en ai fait aucun reproche à Naquet. J'ai voulu seulement montrer que ses opinions ne démentaient pas celles de la société secrète.

Me Crémieux. — Oui, vous dites : « Si j'avais à rechercher les opinions de M. Naquet, si j'avais à prouver qu'elles concordent avec celles de la société secrète, j'en aurais la preuve dans cette lettre. » Cela s'appelle en rhétorique la prétérition...

C'est par le même procédé que vous avez encore reproché

à M. Naquet d'avoir accepté un traitement de l'État contre les termes de cette lettre. Encore la prétérition.

M. L'AVOCAT IMPÉRIAL. — Je n'ai pas appuyé là-dessus.

Me CRÉMIEUX. — Mais alors pourquoi lire cette lettre ? Que le commissaire de police l'ait saisie, cette lettre, à la bonne heure, c'est la police. Mais la justice !...

Laissons. Il y a une preuve inévitable de la culpabilité de Naquet. Il a écrit de sa main une formule pour faire du fulmi-coton. Il y a eu une explosion dans la maison de Chouteau, et c'est alors qu'on est allé lui demander comment on faisait du fulmi-coton. Et l'on nous dit : Vous, professeur du gouvernement, vous ne deviez pas donner cette formule. Mais cette recette-là est dans tous les livres. Mais, comme professeur de chimie, je l'ai donnée vingt fois, sans penser à mal.

Naquet dit : « On m'a demandé comment on faisait du collodion ; j'ai répondu : « Il faut d'abord faire le fulmi-coton, puis avec ce fulmi-coton, traité par l'éther, vous ferez du collodion. »

Comment d'ailleurs rattacher la formule à l'explosion ? L'explosion avait lieu en octobre ; Naquet absent, n'est rentré à Paris que dans les premiers jours de novembre. Il est trop évident que la formule n'a pas été la cause de l'explosion, N'importe ! La prévention ne se décourage pas. M. Naquet a donné une formule pour faire du fulmi-coton ; donc il fait partie de la société secrète.

Ainsi, son nom n'est pas dans les statuts non plus que celui d'Acollas ; on devrait en conclure que les deux amis ne sont pour rien dans cette société secrète. — Non, Naquet en est membre.

Il a voulu que les statuts fussent déchirés ; on aurait dû en conclure qu'il ne voulait pas de la société. — Non, il en était membre.

On ne l'a vu que trois fois sur vingt-quatre fois que les prévenus se seraient réunis. On devrait en conclure qu'il n'était pour rien dans la société. — Non, il en est membre.

Une explosion de fulmi-coton a eu lieu en octobre, il était absent ; on aurait dû en conclure qu'il n'y est pour rien. Sa formule n'a été donnée que vingt jours après l'explosion. — C'est qu'il a voulu leur apprendre à éviter les explosions.

Mais cette formule est dans tous les livres, mais je l'ai donnée pour faire du collodion. — Non, vous l'avez donnée pour l'usage de la société secrète.

Et de témoins, point. Et de déclarations, point. J'ai tout dit. Qu'est-ce donc que cette double accusation portée contre M. Naquet?

Rien sur le premier point que les déclarations d'Hayot, déclarations contradictoires. Et à ce propos, il y a un point que j'ai omis de faire remarquer au Tribunal. Ces agents de police qui ont vu sortir de chez Naquet, Verlière et d'autres qui portaient les lettres, nous dit-on, est-ce qu'ils les ont vus mettre ces lettres à la poste? — Non, ils n'ont rien vu!

Quant au second chef, rien, absolument rien.

Chose vraiment curieuse. Pour établir que Naquet s'est livré à des manœuvres à l'intérieur pour exciter à la haine et au mépris du gouvernement, la prévention, sans témoin, sans preuve, en est réduite à la production d'une enveloppe renfermant une proclamation séditieuse.

Pour établir que Naquet fait partie d'une société secrète, la prévention, sans témoin, sans preuve, en est réduite à la production d'une formule indiquant la confection du fulmi-coton.

Jamais assurément rien de pareil dans nos souvenirs.

Messieurs, renvoyez le prévenu; ne permettez pas qu'une pareille poursuite amène une décision pénale contre un homme qui a conquis, dans de brillants examens, une si honorable position, qui, dans ce triste débat, reçoit tant de témoignages d'estime: rendez-un de ces bons jugements qui restent dans nos annales et qui font dire avec raison: les Tribunaux rendent des arrêts qui sont des services.

Me Crémieux se rassied. Il est quatre heures dix-sept minutes.

M. le Président. — L'audience est levée. Elle sera continuée lundi à onze heures et demie précises pour la suite des plaidoiries.

AUDIENCE

DU LUNDI 23 DÉCEMBRE 1867.

Les prévenus sont amenés à onze heures un quart.

Le Tribunal fait son entrée à onze heures et demie.

M. LE PRÉSIDENT. La parole est au défenseur de Las.

Me GATINEAU. Je demande au Tribunal de renvoyer purement et simplement et sans dépens Las des fins de la double plainte de manœuvres et de société secrète.

Messieurs, Las était d'abord le septième dans l'ordre de la prévention. Aujourd'hui, il est devenu le troisième dans cet ordre : c'est un honneur périlleux, dont vous me permettrez de m'étonner pour lui.

L'exposé de son affaire est extrêmement simple, et, pour la faire connaître, je suivrai dans ma plaidoirie la méthode tracée par le ministère public, méthode excellente pour la discussion.

Le ministère public a recherché d'abord les opinions politiques des prévenus, puis leurs antécédents, et enfin, il a discuté la prévention.

Je suivrai cet ordre d'idées pour la défense de Las; mais auparavant, je demande à faire une réserve grammaticale qui a son importance.

Quand M. le Président se servait, dans l'interrogatoire des prévenus, des mots *réunions et société secrète*, il expliquait bien, avec son intelligence, que ces mots n'engageaient rien et réservaient tout, et qu'il ne les employait que pour la clarté de la phrase. Je ferai comme lui, et me servirai de ces mots, évidemment sans préjuger le moins du monde leur sens pénal, que je repousse complétement.

Messieurs, mon ambition est de défendre Las, et c'est très-sérieusement que je vous ai demandé son renvoi pur et simple des fins de la double prévention dirigée contre lui.

La prévention lui impute deux délits : le délit de société secrète, et le délit de manœuvres à l'intérieur. Mais, je ferai remarquer qu'en ce qui concerne Las, le ministère public n'a pas pu préciser ce qui, dans les actes incriminés, se rapporterait spécialement à l'un ou à l'autre délit.

Me dira-t on que tel fait peut déterminer la conviction pour les deux délits en même temps? C'est là une théorie dangereuse et peu juridique.

Comment nous défendre si nous ne savons quel est exactement le caractère attribué à chaque fait retenu?

Cette distinction, que le réquisitoire a omise, j'essaierai de l'établir.

Sur ce, sans m'étendre davantage, et après avoir protesté une fois encore contre tout l'ensemble de la prévention que je repousse de toute mon énergie, j'entre dans mon affaire. Je ne veux ni ne puis suivre sur les hauteurs qu'ils ont parcourues, les éminents confrères qui m'ont précédé, mais j'ai la conviction de l'innocence de Las, et j'espère vous la faire partager.

Les faits reprochés à Las peuvent être rangés sous quatre chefs :

Premier ordre de faits : Il se serait trouvé à seize réunions, d'après M. l'avocat impérial, et à treize d'après l'interrogatoire; le réquisitoire imprimé en indique seulement dix... tandis que je n'en vois que cinq ou six, en retranchant celles qui auraient eu lieu chez le prévenu, soit, en tout, d'après mon relevé, neuf...

M. L'AVOCAT IMPÉRIAL. C'est dix.

Me GATINEAU. Dix, si vous voulez. Je continue à prendre l'ordre des faits tel que vous l'avez établi.

Deuxième ordre de faits : Ses démarches avec Hayot dans les journées du 10 et du 11 novembre.

Le troisième : Découvertes des vingt-trois proclamations.

Le quatrième : Lettre écrite par Las à Chouteau.

Je crois n'avoir rien oublié; permettez-moi, Messieurs, de

discuter ces griefs, comme je le ferais à propos d'un mur mitoyen, c'est-à-dire avec une logique terre à terre, qui, sans prétention aux honneurs de l'éloquence, ambitionne le mérite d'arriver à la manifestation de la vérité.

Pesons donc l'actif et le passif de mon client.

Je trouve d'abord à son actif, au point de vue moral, un grand nombre de considérations qui viennent à sa décharge. C'est un ouvrier, un petit fabricant, fabriquant sans fabrique, faisant tout de ses mains; mais, si humble qu'il soit en ce monde, il n'en est pas moins honorable, et il tient à sa considération d'honnête homme et de bon passementier. Je le prie de me laisser plaider librement, j'ai besoin de le faire connaître tout entier, sans l'élever, sans le rabaisser; mais je crains qu'il ait peur que mes paroles l'amoindrissent aux yeux de ses amis.

Le ministère public a dit de lui que c'était un homme d'une intelligence « moindre, » un instrument docile. S'il en est ainsi, pourquoi lui donnez-vous le troisième rang dans la prévention?

Partant de ce point de départ, « que c'est un homme d'une intelligence moindre, » qui n'a pas la vue aussi claire, et qui a pu faire certaines démarches sans les comprendre, je trouve aux choses un tout autre aspect.

Dans la passementerie, tout le monde vous dira qu'il apporte aux affaires un esprit sain, un bras infatigable, une entente et une loyauté qui lui valent l'estime de tous; mais, sortez-le de la passementerie, et vous ne trouverez plus en lui le même homme; vous trouverez l'homme dépeint par le ministère public. S'il y a une chose qui lui soit étrangère, c'est tout particulièrement la politique. Comment donc se fait-il qu'il n'ait pas signé les prétendus statuts qui ont été lus pour établir l'existence de la société secrète? S'il avait eu l'idée de coopérer à un acte politique quelconque, croyez bien que son manque d'expérience, l'ignorance où il était du péril, l'auraient porté à mettre sa signature au bas de ce document. Or, cette signature n'y figure pas.

C'est une première preuve en sa faveur.

Je trouve autre chose dans ces *statuts*. Un article y indique des lieux de réunion : on ne parle point du domicile de

Las. J'en conclus que si, par impossible, une réunion politique eût eu lieu chez lui, elle eût été improvisée à son insu, très-probablement, et, je le note en passant, contraire aux statuts.

Ce n'est pas tout encore. Le ministère public a fait grand bruit du Congrès de Genève, des opinions de ceux qui y ont figuré, des discours qui y ont été tenus. Il a reproché à MM. Acollas et Naquet d'y avoir joué un grand rôle. Eh bien ! Las n'est pas allé au Congrès de Genève; père de famille, ouvrier qu'il est, il ne pouvait s'y trouver; on n'ose pas même l'accuser d'en avoir eu la pensée.

Quand j'ai lu dans les journaux les comptes-rendus des discours prononcés à ce Congrès de Genève, j'étais souffrant, malade; je ne jette pas la pierre au Congrès de Genève, et pourtant ces scènes tumultueuses m'ont plongé dans l'affliction, moi, soldat obscur et dévoué de cette belle cause de la liberté, qui doit répudier les excès, toujours, mais surtout quand a sonné l'heure des grandes espérances ! Et il me semblait que j'étais transporté dans l'antiquité, que j'assistais aux Saturnales, à cette fête des esclaves, ce songe de la liberté, qui leur faisait oublier dans les excès d'un jour toute une existence d'abaissement et d'opprobre. Et cependant, il faut le dire, ce ne sont pas les esclaves que l'histoire a flétris, mais leurs maîtres, seuls responsables devant la conscience humaine !

Je poursuis. On est allé au cimetière Montmartre, au boulevard Bonne-Nouvelle. On a usé d'un droit. Tout ce qui n'est pas défendu est permis ; mais permis ou défendu, cela ne regarde pas mon client ; il n'était ni à Montmartre, ni au boulevard Bonne-Nouvelle.

Tout cela est à son actif, et tout à l'heure, quand je vais plaider que Las a eu le malheur de se laisser entraîner chez les marchands de vin, et, une fois, une seule fois, chez M. Naquet, par Hayot, son mauvais génie, celui qui a préparé la bataille et qui a fui au moment du danger, je constaterai qu'il ne restera pas grand'chose contre lui.

Je vous ai dit qu'il n'avait jamais fait de politique. Si, comme moi, vous aviez entendu sa femme, une digne femme qui aime son mari, connaît ses petites faiblesses et les lui pardonne, vous sauriez qu'elle ne s'est jamais aperçue qu'il s'occupât de politique. Sa femme! j'aurais voulu que vous la vissiez; elle a eu pour son mari de ces bonnes paroles qui touchent et qui persuadent un défenseur.

(Me Gatineau lit ensuite les certificats des propriétaires des maisons que Las a successivement habitées. L'un dit : « sa conduite ne l'a jamais exposé à aucun reproche. » Un second déclare : « Il est laborieux, homme de conduite; il ne s'occupe jamais de politique. » Son correspondant de Lyon atteste qu'il n'a jamais eu qu'à s'en louer.)

Voilà l'homme, continue Me Gatineau, voilà celui que Hayot, qui est tailleur et était alors en relations d'affaires avec les mêmes maisons de commerce, a entraîné à sa suite, dans une série de démarches imprudentes.

Peut-être reprochera-t-on à Las d'avoir mis une certaine réserve dans ses réponses; mais cette réserve lui fait honneur. C'est un indice précieux de moralité. L'attitude sévère de la justice ne l'a point effrayé; il n'a chargé personne pour se décharger; il a l'intelligence du cœur, s'il n'a pas l'intelligence politique.

J'aborde maintenant le passif de Las. Parlons d'abord des réunions.

Pour en apprécier le caractère, nous rencontrons une première difficulté; nous ne sommes point renseignés sur ce qui se disait dans ces prétendues réunions. Quels propos y a tenus Las? Y était-il somnolent et comme étranger, ainsi qu'on l'a vu dans tout le cours de ces débats?

Pas un seul renseignement sérieux. Si vous en avez, ils ne viennent même pas de ces sources que je voulais fermer, et que vous avez laissées ouvertes. Il ne s'agit même plus d'agents de police, connus comme tels, il s'agit de témoins bien autrement suspects, parce que se sont des co-prévenus. L'expérience que je crois avoir acquise autrefois dans ces sortes d'affaires, m'a appris ce qu'étaient ces co-prévenus qui parlent tant; j'aime beaucoup mieux les agents, même sans uniforme.

En résumé, en ce qui touche les réunions, on ne rapporte ni une parole ni une opinion sorties de la bouche de Las. On l'a vu prendre des consommations souvent, mais on ne l'a jamais entendu causer politique.

A combien de réunions Las aurait-il assisté ? A dix au au plus, dont quatre ou cinq chez lui. Las suivait partout Hayot, qui lui procurait des commandes et avait une grande influence sur lui.

Les agents constatent qu'ils n'ont jamais vu Las sans Hayot. C'est une habitude, je le sais, de faire tomber sur le prévenu absent tout ce qui pourrait gêner la défense du prévenu présent ; mais comme Las accepte tout ce que dit Hayot, il est évident que la présence de ce dernier ne pouvait en rien aggraver la situation, et que, dès lors, nous ne devons pas souffrir de la résolution qu'a prise Hayot de fuir le débat.

Jugeons Hayot d'après ses aveux. Supposons qu'il ait eu, à un moment donné, quelque chose à cacher, il aura dû chercher un brave homme, bien simple, qu'il traînera à sa remorque, dont il se servira comme d'une sorte de chaperon. Las, avec sa bonne figure et ses quarante-six ans, était bien l'homme qui convenait pour le rôle auquel le destinait son jeune ami. « On doit nous prendre, aura pensé Hayot, pour des commerçants occupés de leurs affaires. »

Je crois cette explication seule vraie ; car, quoi qu'on pense d'Hayot, on voit qu'il s'occupe beaucoup de politique, et surtout de faire voir qu'il s'en occupe ; il est tout naturel qu'un jeune homme de vingt ans cherche, quand même, à se donner de l'importance.

J'arrive aux réunions qui auraient eu lieu chez Las. Il y en a eu trois ou quatre, cinq au plus. Mais ces réunions, accessibles à tout le monde, avaient été organisées par Hayot. C'étaient des séances de *magnétisme*, où ce dernier amenait le sujet à magnétiser, une jeune fille que nous avons su depuis être sa maîtresse, et que nous avons fait rechercher.

Je n'ai pu la faire citer à l'audience d'aujourd'hui, mais on la trouverait certainement d'ici à demain, si cela était nécessaire. Il y avait des femmes à ces séances, et Las, qui n'est pas précisément un modèle de galanterie, n'aurait jamais pu penser qu'on pût appeler *secrète* une société où se rencontraient des femmes. S'il lui arrivait jamais de pondre un œuf, il se garderait bien d'en faire confidence à une femme, dans la crainte, « avant la fin de la journée, » d'en avoir pondu plus d'un cent.

Bien plus, Las n'assistait jamais à ces séances, parce que le magnétisme l'ennuie.

Voici, du reste, une attestation émanée des personnes qui sont venues chez Las, et qui démontre la parfaite innocuité de ces soi-disant réunions :

« Nous soussignés, certifions que, dans les trois ou quatre réunions qui ont eu lieu chez M. Las, il n'a jamais été question de politique, mais seulement de magnétisme ; qu'il y venait, amenée par le sieur Hayot, une jeune fille qui était le sujet magnétisé ; qu'enfin, il y avait toujours cinq ou six dames, y compris Mme Las ; qu'en outre, M. Las est un homme paisible, ne s'occupant jamais de politique. »

Suivent un grand nombre de signatures, provenant surtout des femmes du quartier.

La perquisition faite chez Las, et qui a amené la découverte des vingt-trois proclamations dont nous nous occuperons tout à l'heure, vient à l'appui de ce que j'avance, au sujet du magnétisme. On a saisi deux imprimés traitant de :

« La constitution de l'harmonie dans la société visible et invisible. »

Le magnétisme avait donc ses entrées dans le domicile de Las.

J'aborde le deuxième ordre de fait : Démarches, avec Hayot, dans les journées des 10 et 11 novembre.

Interrogez Las sur ce qui s'est passé. Il vous répondra : « J'ai lichotté, je ne me rappelle pas bien. » Et, d'après le témoignage des agents, on peut constater qu'en effet, il avait (j'emploie son langage) assez lichotté pendant ces deux jours.

Le 10 novembre, Hayot l'entraîne au tir aux lapins de la barrière Montparnasse, dans le but, sans doute, de pouvoir l'emmener le lendemain dans le même quartier, s'il en était besoin, en s'aidant du souvenir de la veille. Il paraît, d'ailleurs, que le chemin, qui conduit au tir aux lapins, est pavé de marchands de vins, et c'est bien heureux pour les lapins, qui ont la certitude d'échapper à la main avinée des tireurs, et dont quelques-uns, paraît-il, deviennent centenaires.

Le 14 novembre, Hayot va encore chercher Las et l'emmène directement chez un marchand de vins. Les agents les suivent de marchands de vins en marchands de vins ; ils constatent qu'Hayot a quitté Las plusieurs fois dans la journée; ce qui tendrait à établir que Las n'est pas dans le secret de toutes les démarches d'Hayot. Enfin, sur le soir, les agents les ont vus quitter la brasserie de la rue Phélippeaux où ils étaient allés deux fois ; Las élevait les bras et les agitait en sortant... Ce n'est point le calomnier que de trouver, dans ces gestes excentriques, la preuve de l'état d'ébriété dans lequel se trouvait Las.

C'est ce même soir que les deux amis vont chez M. Naquet, où ils restent un quart d'heure. « Las était comme engourdi par le sommeil. ». Je le crois bien, c'était la suite des libations qu'il avait faites avec Hayot. Monté chez Naquet avec Hayot, il n'a rien dit; il ne savait pas ce qu'il faisait là.

« Il est resté quinze minutes » dit un agent. Ce n'était pas beaucoup de temps pour être initié à de graves résolutions politiques. L'explication que Las donne de sa visite est d'ailleurs très-satisfaisante. Il avait été la veille tirer aux lapins dans ce quartier là, il y revenait volontiers. Hayot, en passant, n'était pas fâché de lui montrer son ami, M. Naquet, un homme de position élevée !

Que font les deux prévenus après cette visite ? On peut le prévoir, ils vont chez les marchands de vins.

Ainsi, Las n'a jamais fait que suivre Hayot; Hayot qui lui procurait des travaux ; Hayot de qui dépendait en quelque sorte sa position. La vanité a probablement été la cause unique qui a déterminé Hayot à conduire Las chez M. Naquet. Et puis, jetez un coup d'œil sur les allures de Las pendant ces deux jours, et vous ne vous expliquerez pas, dans l'hypothèse d'une société secrète, ces nombreuses libations, ennemies, elles aussi, du secret !

Il existe pourtant une charge, et c'est la troisième, qui a sa gravité. Je veux parler de la lettre saisie chez Chouteau au moment de son arrestation. — Cette lettre, dit le ministère public, est certainement de Las.

Las le nie... Mais, je ne suis pas Las; je reconnais qu'il y a certaines ressemblances entre l'écriture de Las et celle de la lettre. Pourtant, l'orthographe de la lettre est irréprochable, et Las habituellement manque d'orthographe.

M. l'expert Delarue affirme cependant que ce billet vient de Las. Les experts ! je ne répéterai pas tout ce qu'on a dit d'eux. Je rappellerai seulement une anecdote au tribunal : « Un magistrat avait confié des pièces à un expert et les avait annotées. Il s'agissait d'un crime de faux. L'expert déclare faussaire, qui? Le magistrat lui-même. »

Mais j'ai autre chose :

Je nie en principe la lettre. Je l'examine cependant, et, l'examinant avec cette pensée que Las a toujours été pour Hayot une sorte de plastron, je trouve, dans la lettre, la révélation de circonstances curieuses pour le cas où il serait démontré que ce serait Las qui l'aurait écrite.

Je remets le texte de cette lettre sous vos yeux :

« Mon cher citoyen Chouteau,

« Je vous fais passer ces proclamations pour que vous en preniez connaissance, et de les distribuer au plus vite.

« Je vous verrai d'ici peu. »

Le timbre porte : septième distribution, **11** novembre **1867**. La septième distribution est la dernière de la journée; cette lettre a donc été levée de sept heures à neuf heures. Elle a été écrite avant la visite chez M. Naquet, qui n'a eu lieu qu'après neuf heures, comme cela est reconnu. — D'un autre côté, de sept à neuf heures, le **11** novembre, Las, qui avait rendu tant de visites aux comptoirs des marchands de vins, savait-il bien ce qu'il faisait? — Je suis aussi conduit à me demander si Hayot n'a pas dicté cette lettre à ce malheureux pendant qu'il était en état d'ivresse. — Je prends la lettre, et, quand je la compare à celle qu'il m'a écrite de de la prison et que je mets sous vos yeux, je vois, dans cette dernière, beaucoup de fautes d'orthographe; dans l'autre pas une seule, comme si les mots eux-mêmes avaient été dictés *un par un et épelés*. — Je n'ai pas besoin d'affirmer au tribunal que la lettre, qui me sert de pièce de comparaison, n'a point été sollicitée par moi pour les besoins de la cause, mais qu'elle m'a été adressée spontanément par Las, et c'est pour cela que j'en fais usage. — Je vois encore que la lettre incriminée est faite sur une espèce de facture déchirée, et qu'elle paraît avoir été écrite chez un marchand de vins ou à la brasserie.

Je remarque enfin, et je vous prie de remarquer avec moi, Messieurs, que l'écriture de la lettre saisie est plus large, et plus distancée, que l'écriture de la lettre écrite de la prison, laquelle traduit les habitudes ordinaires de la main...

M. l'Avocat impérial. — Mais nous avons des écritures de comparaison qui offrent les mêmes caractères que cette lettre incriminée. Voyez le spécimen fait par Las devant le juge d'instruction.

Me Gatineau. — On me dit que l'écriture faite devant le juge d'instruction offre les mêmes caractères... Mais que l'émotion vienne de la crainte ou vienne de l'ivresse, il est naturel qu'elle produise les mêmes effets sur la main qui écrit. Cette observation ne fait donc que confirmer mes appréciations : cette lettre n'a pas été écrite dans les conditions ordinaires ; sa contexture révèle un homme qui aurait subi, dans un moment d'inconscience, une espèce de dictée, — ce qui expliquerait que Las ne se souvînt qu'imparfaitement, et qu'il reconnût presque l'écriture, sans reconnaître la lettre elle-même.

Vous retiendrez toutes ces considérations, qui tirent une grande force de l'heure à laquelle la lettre a été écrite, heure pendant laquelle Las, peu habitué aux excès de boisson, ne pouvait plus avoir sa parfaite raison.

Le résultat de la perquisition, faite chez Las, a amené la découverte de vingt-trois proclamations ; mais où les a-t-on trouvées ces proclamations ? Dans le tiroir d'une table placée tout à l'entrée, tiroir qui n'était pas fermé. Qu'a-t-il dit pour expliquer leur présence chez lui ? Il a dit que ces imprimés lui avaient été remis, à son insu, dans la poche de son paletot.

J'ai déjà dit qu'il avait des relations commerciales avec Hayot, et il ne paraîtra pas douteux que toutes les pièces saisies viennent de ce dernier.

Que trouve-t-on, en effet, chez Las? Voici les énonciations du procès-verbal :

1° Les *proclamations ;*

2° Les deux imprimés sur la *Constitution de l'harmonie dans la société visible et invisible,* — imprimés qui prouvent la vérité de ses assertions touchant les séances de magnétisme.

3° Onze lettres *écrites à Hayot* par son ami Bernard ;

4° Huit lettres écrites à Hayot par la demoiselle Léontine X..., le sujet magnétisé, la maîtresse d'Hayot ;

5° Quatre lettres ayant trait à une demande d'audience à l'Empereur, sollicitée par Hayot ;

6° Deux prospectus de la maison Hayot, alors que son père était établi tailleur rue de Richelieu, 92.

Ainsi toutes les pièces saisies se rapportent à Hayot ; toutes viennent d'Hayot. Si donc les vingt-trois proclamations lui ont été mises dans la poche à son insu, ne peut-on supposer que c'est Hayot qui les lui aura mises, quand, à la brasserie Phélippeaux, il a vu entrer ces deux consommateurs qui l'ont effrayé, et qu'il a fait disparaître si prestement tous ces papiers étalés sur la table, circonstance dont les agents ont déposé?

Jusqu'à preuve du contraire, il faut bien accepter comme vraie cette explication, qui concorde avec la déclaration de Las; on doit croire que c'est Hayot qui a glissé les proclamations dans la poche de Las, pêle-mêle avec ses autres papiers, qui ont été saisis dans le même tiroir.

Cet argument me paraît irréfutable et j'y insiste. Las n'étant pas un homme politique, Hayot devait trouver très-habile de glisser dans les poches de son compagnon, non suspect, les papiers qu'il trouvait compromettants pour lui-même.

Un incident qui prête à réfléchir a signalé l'arrivée de cette lettre entre les mains de la police. Au moment où cette lettre arrivait chez Chouteau, les agents venaient demander au concierge à quelle heure arrivait le facteur? Est-ce Hayot qui leur avait dit que la lettre devait arriver à cette heure-là ? Je vous laisse, Messieurs, tirer la conséquence vous-mêmes : vous penserez, sans doute, qu'il y a là un piége de la police.

De l'examen auquel je viens de me livrer, il résulte qu'aucune charge sérieuse ne résiste à une discussion impartiale. Cependant, comme je plaide ayant sous les mains une barre peu féconde en illusions, je vais rechercher si, toutes les charges étant supposées exister contre Las, il y aurait matière à condamnation.

Je ne le pense pas.

Constatons que toutes les charges relevées par la prévention, à l'exception d'une seule pourtant, la lettre à Chouteau, tendraient uniquement à démontrer que Las a fait partie d'une société secrète. La société secrète, je n'y crois pas. Tout a été dit à ce sujet par une voix plus autorisée que la mienne. Je revendique sur ce point le bénéfice des observations si judicieuses et si élevées qui vous ont été présentées. J'en fais mon profit et je me borne à examiner s'il y a lieu à l'application de la loi qui punit le délit de *manœuvres à l'intérieur*.

Voici le texte de la loi du 27 février 1858 :

« Art. 2. Est puni d'un emprisonnement d'un mois à deux ans, et d'une amende de 100 francs à 2,000 francs tout individu qui, dans le but de troubler la paix publique, ou d'exciter à la haine et au mépris du gouvernement de l'Empereur, *a pratiqué des manœuvres* ou entretenu des intelligences soit à *l'intérieur*, soit à l'étranger. »

A pratiqué des manœuvres ! Quels sont les faits qui peuvent être constitutifs de ce délit? On ne donne aucune indication. Remarquez que la loi dit « des manœuvres » au pluriel. L'unité ne suffirait donc pas ; il faut plusieurs faits. Le mot « pratiqué » comporte également l'habitude dans la perpétration des faits délictueux. Quant au mot *manœuvres*, l'application dans le sens pénal n'en peut être justifiée, que si les faits comportent l'intention coupable, la volonté hostile, la mauvaise foi, un certain esprit de fraude contre le gouvernement.

Je lis dans le rapport fait par M. de Morny au nom de la commission chargée d'examiner le projet de loi : « Ceux que la loi a pour but d'intimider et de disperser, ce sont les ennemis implacables de la société, qui détestent tous les régimes, tout ce qui ressemble à une autorité quelconque. »

Vous savez maintenant, Messieurs, que cette définition ne s'applique point à Las.

M. Baroche, l'un des commissaires du Gouvernement dit à son tour :

« Que les expressions *manœuvres* et *intelligences* ne sont pas nouvelles dans notre législation ; que dans le Code pénal des 19-22 juillet 1791, elles avaient été employées dans le même sens que dans la loi actuelle et pour caractériser des faits analogues à ceux qu'elle prévoit ; que, lorsque fut rédigé le Code de 1791, il y avait des ennemis au dehors, il y en avait au dedans ; que c'est contre les uns et contre les autres que la législation d'alors, *comme celle d'aujourd'hui*, était dirigée ; que c'est pour cela qu'elle contient des dispositions destinées à punir les manœuvres et intelligences avec les révoltés ; qu'en 1810, lors de la discussion du Code pénal actuel, des doutes s'étant élevés sur le point de savoir si les mots *manœuvres* et *intelligences* étaient assez précis, il fut répondu que les tribunaux apprécieraient la nature et le caractère du fait; que, d'ailleurs par exemple, lorsque les manœuvres auraient pour but d'aider l'entrée des ennemis, de leur ouvrir les ports et les arsenaux, aucun doute ne serait possible sur le caractère coupable des manœuvres ; que c'est ainsi que les articles 76 et 77 du Code pénal furent conçus, dans les termes à peu près identiques à ceux de la loi de 1791, que la loi actuelle ne fait qu'appliquer aux ennemis intérieurs ou extérieurs du gouvernement les dispositions que le Code pénal prononce contre les intelligences organisées avec les nations étrangères en guerre avec la France; que ces mots de manœuvres et d'intelligences sont définis par les auteurs et par la jurisprudence ; qu'*une lettre* saisie, renfermant un blâme, une critique, une attaque même contre le gouvernement, ne constitue pas une manœuvre dans le sens de la loi ; que ce qui caractérise les manœuvres, *c'est l'habitude et le but coupable..* »

Hé bien ! que rencontrons-nous dans cette partie de la

cause? Cette malheureuse lettre que le prévenu nie avoir écrite et dont je vous ai montré la seule origine acceptable; où voyez-vous « l'habitude » dont parle le commissaire du gouvernement? La lettre est unique! — Elle ne peut donc servir de base à une condamnation pour manœuvres à l'intérieur.

Me Gatineau termine en donnant connaissance de la lettre suivante qui lui a été adressée par son client :

« Je prie M. Gatineau de faire ressortir mon passé comme étant celui d'un honnête homme, d'un travailleur exceptionnel, n'ayant jamais subi aucun jugement. 40 jours de cellule sont bien plus que suffisants pour me punir d'une inconséquence. Ma maison est ruinée par mon absence; je vais me trouver par cette raison, à mon âge, forcé d'aller travailler chez les autres pour gagner mon pain de chaque jour. Ayant la vue très-affaiblie, voudra-t-on seulement m'occuper? Une condamnation, quoique politique, me fera du tort chez les patrons où je me présenterai; l'on doit des égards à un homme qui n'a rien à se reprocher. Je garderai de vous, Monsieur, une éternelle reconnaissance. »

La prière du vieil ouvrier qui vous demande justice, sera exaucée... Je n'ajoute pas un seul mot dans la crainte d'en affaiblir l'expression touchante.

Me Gatineau se rassied.

M. le Président. — La parole est au défenseur de Verlière.

Me Floquet. — Dans la cause, je me présente pour M. Verlière; mes conclusions tendent à ce qu'il plaise au Tribunal de le renvoyer purement et simplement des fins de la prévention sans dépens.

Messieurs, après l'interrogatoire si lucide et si net de Verlière, après les réponses si catégoriques que j'avais obtenues des agents à la fin de la première audience, j'étais convaincu, je l'avoue, que M. l'Avocat impérial abandonnerait la prévention contre mon client.

Cette espérance a été trompée, la prévention est maintenue.

Verlière reste devant vous sous la double inculpation d'avoir fait partie d'une société secrète avec MM. Chouteau et autres, et d'avoir pratiqué des manœuvres à l'intérieur avec MM. Acollas, Naquet, Las et Hayot. Je suis donc obligé d'entrer à mon tour dans le débat; mais je puis vous promettre de m'abstenir de toutes considérations générales touchant à la politique ou au droit théorique. Les points ont été suffisamment discutés par mes éloquents prédécesseurs. Je me confinerai sur le terrain des faits. Je me bornerai à suivre pas à pas M. l'Avocat impérial dans son réquisitoire particulier contre Verlière. Tout d'abord je veux écarter les présomptions qu'on essaye de trouver dans ce que j'appelle la moralité politique du prévenu, présomptions qu'on a l'habitude de tirer de ses opinions générales, de ses antécédents, de ses relations.

Si vous le désirez, je ne fais nulle difficulté d'avouer que sous cette enveloppe frêle vivent une intelligence éveillée, des convictions énergiques, des espérances qui ne s'accordent pas avec le maintien de l'ordre de choses établi. Oui, Verlière est républicain en politique, radicalement libre penseur en philosophie. Mais ces opinions sont protégées par la liberté de conscience, et certains documents trouvés chez Verlière, et dont on a fait grand bruit, sont protégés de leur côté par les explications les plus simples du monde.

On a saisi par exemple au domicile de mon client un petit papier portant ces indications : *E.D., 40... section de Brutus.* On a cru que c'était une des pièces de la société secrète recherchée. C'était tout simplement une mention prise par Verlière pour des travaux historiques dans le catalogue de la Bibliothèque impériale, dans la partie de l'histoire de France sous la Révolution. On sait que la section de Brutus était, en 1793, une des divisions légales de Paris.

On a saisi aussi une liste de dix-neuf personnes, et on a cru que c'était une liste d'affiliés à la société secrète. Eh bien! cette liste était celle de personnes auxquelles Verlière devait remettre sa brochure : *Déisme et péril social*. On en demeure convaincu lorsqu'en parcourant cette fameuse liste, on y trouve à côté du nom d'Acollas celui de M. Clément Caraguel, rédacteur des *Débats*, et beaucoup d'autres noms aussi inoffensifs au point de vue qui nous occupe.

Une autre note, qui a été saisie et relevée contre Verlière, a trait à la différence entre les répressions révolutionnaires et les répressions monarchiques ou religieuses. C'est une statistique historique sur les exécutions pendant la Terreur, au bas de laquelle mon c ient a écrit la conclusion suivante : « Le nombre des exécutions révolutionnaires est bien petit, comparé à celui des exécutions du despotisme. » Et en effet, quand on lit les sombres annales du despotisme en lutte depuis tant de siècles contre l'esprit de liberté, on arrive facilement à accepter la responsabilité de cette opinion historique.

En ce qui touche ses antécédents, Verlière ne les cache pas plus que ses opinions. Il a été condamné, ici même, il y a quelques mois, pour une brochure qui proclamait publiquement la doctrine philosophique qu'on appelle le matérialisme. Cette condamnation prouve tout au moins qu'il n'a pas l'habitude ni le besoin, pour exprimer ses doctrines, de les renfermer dans un tube de fer-blanc enterré au fond d'une cave. Elle prouve aussi qu'au moment où il faisait cette brochure, qui est une compilation laborieuse, il était absorbé par un travail de toutes les heures, et n'avait pas le temps de se partager entre ce labeur intellectuel et les exigences absorbantes de l'action dans une société secrète. Du reste, Verlière nous dit lui-même dans sa brochure quelle est la propagande qu'il aime.

« Que ceux qui *savent*, dit-il, ne craignent pas de parler; la science est l'arme définitive qui doit briser le vieux monde; c'est la torche qui brûle, mais éclaire, c'est le soc de charrue qui féconde le sol en le retournant. » Son arme, c'est donc la science, non la société secrète.

Verlière a été aussi inquiété dans l'affaire dite du *Café de la Renaissance*, où il s'agissait, comme ici, d'une société secrète. Mais il a été l'objet d'une ordonnance de non-lieu. Et si dans cette circonstance il a côtoyé de si près le danger, Verlière, avec son intelligence, a dû acquérir cette conviction que les sociétés secrètes n'ont d'ordinaire de secret que leur nom; que si elles peuvent bien croître sous l'œil paternel de la police, tant qu'elles paraissent impuissantes, elles sont toujours arrêtées à point nommé au moment où elles paraîtraient avoir quelque efficacité, et dénoncées avec éclat lorsque l'opinion semble avoir besoin de l'avertissement de l'éternel et utile spectre rouge; qu'ainsi faire partie d'une société secrète, c'est se condamner à devenir souvent le compère, toujours la dupe, de ceux qu'on a prétention de combattre. Cet antécédent de Verlière est donc au contraire de nature à rendre plus douteuse sa participation à toute société secrète.

Quant aux relations de mon client, elles s'expliquent très-facilement.

Il voyait assez souvent M. Naquet. Il n'a nulle envie de le nier. Loin de là, il se fait grand honneur de ses relations avec cet homme d'intelligence, de science et d'honneur. Bien accueilli par M. Naquet, à cause d'une communauté d'opinions philosophiques et scientifiques, M. Verlière trouvait plaisir et profit à ses conversations avec le savant professeur. On a donc pu le trouver souvent rue du Montparnasse, soit avant les faits qui ont donné naissance au procès, soit pendant qu'ils s'accomplissaient, et on l'y retrouvera souvent encore quand ils seront sortis tous deux acquittés de cette enceinte. Mais, malgré ces relations assez suivies, M. Naquet a-t-il fait participer Verlière à tous ses actes politiques? L'a-t-il, par exemple, enrôlé dans le Congrès de Genève dont il était un des organisateurs? Point du tout, vous ne trouverez le nom de Verlière ni dans les adhésions, ni dans les bulletins ou procès-verbaux du Congrès de Genève. Que s'il avait assisté à ce Congrès, je me garderais bien de dire qu'il avait assisté à des *saturnales*, selon l'expression échappée à l'un des défenseurs. Non, ce n'étaient pas des saturnales que ces réunions de tant de libres et puissants esprits à Genève, et, s'il y a eu des désordres, comme on nous l'a dit, on ne nous a pas dit de quelle coterie réactionnaire, ou de quelle intrigue locale étaient venues les causes de ces désordres. Je suis d'ailleurs bien désintéressé quand je dis ces choses, car pour moi je n'ai pas voulu assister au Congrès de la paix, parce que je ne crois pas le temps encore venu pour la démocratie de désarmer; mais je n'ai pas moins trouvé que les initiateurs de ce Congrès avaient eu une grande et généreuse pensée, et qu'ils l'avaient noblement mise à exécution. Quoi qu'il en soit, il est certain que Verlière n'était pas du Congrès de Genève, et il s'ensuit qu'on ne peut pas conclure de ses relations avec Naquet à une communauté absolue d'action politique entre ces deux personnes.

M. Acollas, Verlière l'a vu une seule fois pour lui remettre un exemplaire de sa brochure : *Déisme et péril social.*

M. Chouteau, c'est l'administration qui lui a fait faire sa connaissance! Inquiétés et arrêtés tous les deux dans l'affaire de la *Renaissance,* puis relâchés ensemble, une fortune commune les a un moment réunis, et des opinions semblables leur ont fait conserver des relations d'amitié privée.

Hayot, courtier en marchandises, faisait la place. De son côté, Verlière qui n'est pas riche, cherchait quelquefois des ressources dans le placement des articles de librairie. Ils se sont rencontrés et connus, puis fréquentés, sans qu'il existât entre eux une intimité aussi grande que l'a prétendu Hayot.

Que conclure de ces opinions, de ces antécédents, de ces relations, c'est-à-dire de la moralité politique du prévenu?

M. l'avocat impérial en a tiré cette conclusion qu'il n'y a pas incompatibilité entre ses doctrines, ses espérances et celles qui sont affichées par la prétendue société secrète, d'où cette présomption que Verlière était disposé à faire partie de la société secrète.

Pour moi, je demande la permission de tirer des mêmes faits deux observations tout à fait opposées à la doctrine de M. l'avocat impérial.

Premièrement, d'après ce que vous connaissez maintenant de Verlière, vous êtes bien sûrs que ce n'est pas par hypocrisie qu'il pèche. S'il avait participé aux faits de la prévention, comme cette participation ne blesserait pas ses opinions générales, il l'avouerait hautement et s'en ferait honneur; si donc ce jeune homme ardent et franc repousse la prévention, s'il lui oppose une dénégation formelle, vous devez être disposés à le croire.

Secondement, Verlière, par ses opinions avouées et ses antécédents, est très-connu de l'administration et de la police. S'il a été ce que vous dites, le membre le plus actif de la Société, l'intermédiaire entre les ouvriers et les étudiants, on n'aura pas de peine à suivre sa trace. Dans ces surveillances exercées incessamment depuis le mois de juin jusqu'au mois de novembre, la police qui doit le connaître si bien, le signalera à chaque moment. En un mot, si contre quelqu'un l'administration a la facilité de réunir des preuves, c'est contre Verlière, livré par ses opinions et ses antécédents connus à une notoriété qui le signale à la police. Il faudra donc, pour le condamner, des preuves d'autant plus fortes et nombreuses, qu'elles ont dû être plus faciles à recueillir.

Examinons maintenant ces preuves directes de la participation de Verlière aux deux délits qui lui sont reprochés.

En ce qui touche la société secrète, M. l'avocat impérial s'est attaché à démontrer ces trois points : 1° qu'une association a existé ; 2° que cette association constituait une société secrète ; 3° que Verlière en a fait partie.

Sur les deux premiers points, je passe rapidement, laissant aux confrères plus intéressés que moi à cette tâche le soin de discuter s'il y a eu réellement une association, une société secrète. De la démonstration faite par le ministère public, je retiens seulement ces propositions, dont je me servirai plus tard : « 1° Depuis longtemps il n'y avait pas de doute dans l'esprit de l'administration sur l'existence de cette association secrète ; 2° les statuts rendent toute discussion inutile : ils démontrent l'association par leur existence seule ; dans leurs prescriptions se révèle l'organisation de la société secrète ; leur conservation, soigneusement dissimulée, démontre la permanence de cette société. » Ceci rappelé pour m'en servir tout à l'heure, je suis l'argumentation que M. l'avocat impérial a jugée nécessaire contre Verlière.

Si la société secrète existe (ce que, bien entendu, je n'admets que comme hypothèse), elle a été, d'après la prévention, fondée à la réunion du 11 septembre. — Verlière n'assistait pas à cette réunion.

Les statuts ont été signés par les associés. — La signature de Verlière ne figure pas au bas de ces statuts.

Des listes ont été trouvées chez Chouteau et chez d'autres, listes qu'on soupçonne de contenir les noms des affiliés. Le nom de Verlière ne se rencontre sur aucune de ces listes.

Mais, dit la prévention, la culpabilité de Verlière est prouvée par sa présence à trois réunions. C'est à ce moment que j'ai interrompu M. l'avocat impérial. J'avais tort peut-être dans la forme, mais certainement raison au fond. Il importe en effet de ne pas établir de confusion entre les trois réunions auxquelles on signale la présence de Verlière!

Si la société secrète existe, le siége de cette société et ses manifestations essentielles sont évidemment les mercredis de M. Chouteau. Or, on ne signale Verlière chez Chouteau qu'une seule fois, le 23 septembre, un lundi. Et, pourquoi va-t-il ce jour-là chez Chouteau? Voici ce qu'il a dit à l'instruction : « J'avais conservé quelques rapports avec Chouteau. Or, j'avais appris que le 11 septembre, on avait eu le projet chez lui de faire une société secrète. Considérant cette prétention comme insensée, je me suis rendu le 23 septembre chez Chouteau, de moi-même, pour combattre l'idée de cette société secrète. » Cette déclaration devant le juge d'instruction est du 22 novembre.

Cette explication est-elle exacte?

Dans l'instruction, M. Chouteau, qui ne pouvait avoir connaissance de l'interrogatoire de Verlière, a fait les mêmes déclarations; Godichet également.

Hayot, le dénonciateur, interrogé à son tour, Hayot qui ne pouvait connaître le système de ces messieurs, étant à la Conciergerie et eux à Mazas, Hayot dit :

« A une réunion chez Chouteau, il a été donné lecture des statuts. J'ai refusé de les signer, et j'ai engagé Chouteau à les détruire. Dans une autre réunion à laquelle assistait Verlière, celui-ci a parlé avec énergie dans le même sens que moi.» Mais était-ce seulement ces statuts ou était-ce aussi le projet de société lui-même qu'on voulait détruire? a demandé à l'audience M. le Président avec son esprit pénétrant. Et le prévenu le plus naïf, à qui il s'adressait, le prévenu Adel, a répondu : « C'est aux statuts et au projet tout ensemble que Verlière voulait qu'on renonçât. »

Aucun témoignage n'est venu contredire ces déclarations. Et, cependant, Verlière a été suivi de près ce jour-là, et l'agent, chargé de sa surveillance, a pu s'approcher assez près de lui, à sa sortie, pour l'entendre prononcer ces seuls mots : « *Il faut être logique,* » paroles qui étaient évidemment la conclusion de la discussion très-vive qu'il avait soutenue contre tout projet de société secrète.

On retrouve, dit-on, Verlière chez Las le 26 septembre. Mais, chez Las, c'était une simple soirée de magnétisme et non pas une séance de la commune révolutionnaire. Verlière l'a toujours dit, et il a ajouté que des femmes assistaient à cette soirée, ainsi que des personnes inconnues des prévenus; en un mot, la porte de Las était ouverte à tout venant, et entraient à peu près tous les voisins qui voulaient. Ceci est incontestable après le certificat qui vient de vous être lu. Et si la prévention avait une conviction contraire, elle devait citer des témoins pour nous contredire et nous confondre facilement.

Contrairement à ce que supposait M. l'avocat impérial, je serais très-heureux de voir Hayot en face de moi à cette audience, car il serait obligé de vous dire qu'il était précisément l'opérateur dans ces séances de magnétisme. Oui, Hayot, ce cerveau mystique, ce caractère exalté, qui se lance à corps perdu dans les sociétés secrètes, et qui, l'instant d'après, n'a plus qu'un désir, celui de trouver partout des coupables, Hayot était un magnétiseur; c'était une de ses prétentions, avec celle d'être un homme politique. Il allait souvent chez Las pour y exercer ses talents, heureux d'y trouver une scène, des auditeurs et une attention bienveillante. C'est là que Verlière est allé, et, si on avait assigné des témoins, le parquet lui-même aurait constaté la nature toute magnétique de ces séances.

On a vu, enfin, Verlière à une troisième réunion.

Où ? au boulevard Bonne-Nouvelle, le 4 novembre !

Verlière nie sa présence sur le boulevard ce jour-là.

Y était-il ? Était-il déguisé en ouvrier, comme l'a dit un agent ? S'il était réellement déguisé, n'était-ce pas pour éviter d'être arrêté et enfermé par suite de sa condamnation à six mois de prison, alors exécutoire ? Ce sont là des questions peu importantes, et si Verlière était sur le boulevard, je ne vois pas l'intérêt qu'il aurait à le nier.

On nous dit, il est vrai : les membres de la société secrète étaient sur le boulevard Bonne-Nouvelle pour la manifestation projetée; or, Verlière était sur le boulevard : donc Verlière était membre de la société. — Mais M. l'avocat impérial, pour que votre raisonnement fût juste, il faudrait me démontrer d'abord que toutes les personnes qui étaient, ce jour-là, 4 novembre, sur le boulevard Bonne-Nouvelle, étaient de cette société secrète ! Tant que vous n'aurez pas fait cette démonstration, votre raisonnement pèche par sa base, il est inacceptable. Et, cette démonstration, vous ne pouvez la faire, car vous savez anssi bien que moi, que le 4 novembre a vu réunies, sur le boulevard, des personnes appartenant à des nuances diverses de l'opposition, dont la présence a été signalée par la police, et qu'on n'a pas songé un moment à considérer comme membres de la Commune révolutionnaire !

Ce qui reste donc de ces trois réunions reprochées à Verlière, en écartant sa présence chez Las à une séance de magnétisme; en écartant sa présence hypothétique sur le boulevard Bonne-Nouvelle, présence parfaitement innocente, puisqu'on n'a poursuivi personne pour ce fait, en écartant ces deux choses indifférentes au procès, ce qui reste, dis-je, c'est la réunion du 23 septembre, un lundi, chez Chouteau, où Verlière a livré, d'après tous les témoignages, un combat acharné contre toute formation de société secrète?

Mais il y a autre chose d'après M. l'avocat impérial. Un certain billet au crayon établissant des relations entre Verlière et Chouteau. Je reviendrai sur le billet en lui-même, et je verrai s'il peut être de Verlière, quand je m'expliquerai sur le chef de manœuvres. Quant aux relations avec Chouteau, Verlière n'a jamais nié qu'il en eût en effet, mais de peu fréquentes et de tout à fait étrangères à l'idée de société secrète.

On insiste en disant que ces relations étaient très-suivies et de nature politiquement suspecte. La preuve en serait dans ce billet, signé A. V. C. H, adressé à Chouteau, et qui est ainsi conçu : « Veuillez vous trouver, à huit heures, rue de la Corderie-du-Temple. Urgence de causer un instant.— A. V. C. H. »

Qu'est-ce que c'était que ce billet?

Verlière en a donné l'explication immédiate, à son premier interrogatoire, devant le juge d'instruction : « Ce billet est de moi, il est signé des initiales du nom de Hayot et du mien, il était adressé à Chouteau. Je lui avais promis, cédant aux instances de Godichet, d'aller chez lui, à la suite de la promesse qu'il m'avait faite de détruire, en ma présence, l'écrit dont j'ai parlé plus haut. Ayant su plus tard que mes conseils n'étaient pas écoutés, je jugeai convenable de ne point aller chez Chouteau, et pour lui donner l'explication de mon abstention, je l'invitai à se rendre place de la Corderie-du-Temple. Hayot, qui devait se trouver avec moi, était censé donner le rendez-vous comme moi. C'est pour cela que j'ai fait suivre mes initiales des siennes. J'ajoute que je ne suis pas allé au rendez-vous. J'ignore si Hayot y est allé. »

Hayot, qui ne peut connaître l'explication de Verlière, vient cependant la confirmer après des hésitations caractéristiques.

En effet, à son premier interrogatoire, il se contente d'abord de déclarer qu'il ne reconnaît pas ce billet. Maison lui dit : « C'est le même papier que celui qu'on a saisi chez vous. » Alors il s'exprime ainsi : « Je reconnais maintenant que ce billet est de moi. Je vais vous dire en toute franchise dans quelle circonstance il a été écrit. Il y a un mois et demi ou deux mois, Verlière m'a mis en rapport avec Chouteau. Ils organisaient une société secrète dont j'ai refusé de faire partie. Le billet que vous me représentez était adressé à Chouteau. Je lui donnais un rendez-vous dans le but de faire connaître ma résolution de ne pas entrer dans la société. » Ainsi, Hayot se rappelait bien le but du billet, qui était de repousser toute participation à la société secrète; mais il voulait s'attribuer à lui seul le mérite de ce refus. Puis un peu plus tard, dans un autre interrogatoire, il arrive à la vérité vraie, telle qu'elle avait été déclarée tout de suite par Verlière, et il s'explique ainsi :

« Je me rappelle maintenant la signification des initiales A. V. C. H. placées au bas d'un billet saisi chez Godichet. A.V. signifie Alfred Verlière; C. H. Clément Hayot. Verlière, d'accord avec moi, voulait faire une tentative nouvelle auprès de Chouteau et de Godichet, dans le but de les déterminer à ne pas maintenir leurs statuts. C'est pour causer avec eux dans ce sens que ce rendez-vous leur fut donné... Le billet fut écrit par Verlière. »

Ainsi Hayot, après avoir passé par la dénégation absolue, par des explications inspirées par des sentiments égoïstes, arrive enfin à la vérité, que Verlière avait avouée immédiatement, et ce billet prouve seulement que Verlière persistait dans son opposition à tout projet de société secrète.

Mais, dit-on encore, les relations étaient telles, entre Verlière et les organisateurs de la société, qu'il a accepté d'être arbitre dans une affaire concernant Godichet. En effet, sur la demande de Godichet, Verlière a accepté d'entendre ses explications au sujet de certains bruits fâcheux qui couraient sur le compte dudit Godichet, et que je n'ai ni à examiner ni même à rappeler. Mais en quoi cette complaisance de Verlière prouve-t-elle sa participation à la société secrète? Bien, au contraire, je trouve, dans la lettre même de Godichet, un argument en notre faveur. Voici cette lettre trouvée chez Godichet, qui en avait, à ce qu'il paraît, soigneusement gardé copie :

« Paris, 28 octobre 1867.

« Citoyen Verlière,

« Une affaire des plus sérieuses m'a été dite hier. Je désirerais avoir un moment d'entretien avec vous à ce sujet. Veuillez, en conséquence, je vous prie, vous trouver chez vous demain matin entre 7 et 8 heures. Peut-être ne connaissez-vous pas bien mon nom, il est nécessaire que je vous mette le doigt sur l'affaire en question pour que vous sachiez qui vous écrit. La calomnie dont il s'agit atteint Chouteau et moi; je vous crois suffisamment renseigné maintenant. — Tout à vous, Godichet. »

Ainsi Godichet, le rédacteur des statuts, est obligé de reconnaître lui-même qu'il est peu connu de Verlière, de ce membre si actif de la société secrète !

Quant à la réponse de Verlière, elle peut se résumer ainsi: « Je veux bien vous entendre quoique je ne sois pas d'accord avec vous. » Je n'ai pas en ce moment cette lettre sous les yeux, mais je suis sûr de l'avoir ainsi lue dans le dossier et je la rechercherais s'il était besoin.

M. L'AVOCAT IMPÉRIAL. — Je ne conteste rien.

Me FLOQUET. — Ainsi la désapprobation écrite vient se joindre à la désapprobation verbale formulée le 23 septembre.

Voilà tous les faits relevés par la prévention suffisamment expliqués. Reprenons maintenant les points que j'avais notés dans le réquisitoire et mis en réserve pour ma défense.

L'association, avez-vous dit, il y a longtemps que la police la connaît, l'observe, et n'a pas de doute sur son existence. Vingt-cinq réunions ont été, en effet, dénoncées depuis juin jusqu'en novembre. Verlière est signalé dans une seule ! Pas un autre fait de participation à l'association n'est relevé contre lui par cette constante surveillance ! Et c'est lui que vous qualifiez l'un des agents les plus actifs de la société secrète, et l'intermédiaire nécessaire entre les ouvriers et les étudiants ! Si cela était vrai, je ne fais pas mes compliments à la police ; cet agent si actif lui a échappé trop souvent !

Les statuts, avez-vous dit encore, rendent toute discussion inutile : ceux qui y figurent sont évidemment associés. — Mais Verlière n'y figure pas !

Ces statuts constituent, ajoutez-vous, l'organisation de la Société secrète. — Verlière les a énergiquement combattus !

La conservation des statuts, dites-vous enfin, prouve la permanence de la Société secrète. — Verlière avait demandé qu'ils fussent détruits !

Donc, sur aucun des points constitutifs de la prévention, d'après le réquisitoire lui-même, Verlière n'est convaincu de culpabilité. Tout bien pesé, il ne reste plus contre lui qu'une seule apparence de charge, sa présence chez Chouteau, le 23 septembre, et ces terribles paroles que la police lui a entendu prononcer : « il faut être logique. »

Ce qui ne serait pas logique assurément, c'est que l'on condamnât comme membre actif d'une société secrète celui qui, depuis la première heure, a combattu l'idée de cette Société, et vis-à-vis duquel elle n'a pas été, fût-ce un instant, l'ombre même d'un projet, puisqu'on lui avait promis d'y renoncer.

Il n'y a donc contre Verlière, je le répète, que cette présence chez Chouteau le 23 septembre, *un lundi*. Eh bien, Messieurs, je vous le demande, n'y aurait-il pas eu d'autres preuves si la culpabilité existait? Et vous, qui avez besoin de preuves éclatantes pour condamner, devant ce seul fait, pouvez-vous condamner?

Dans les affaires ordinaires jamais on n'oserait asseoir une condamnation sur une preuve aussi faible, surtout quand cette condamnation peut entraîner des conséquences terribles. Or, vous le savez, la plus petite condamnation prononcée contre Verlière, pour société secrète, le soumet à la déportation éventuelle au gré de l'administration. Voulez-vous, vous, prononcer contre ce faible jeune homme de 26 ans cette terrible sentence?

Passons maintenant au chef de prévention relatif aux manœuvres à l'intérieur ayant pour but l'excitation à la haine et au mépris du gouvernement.

Ici encore, je consens à abandonner toute discussion de droit, me sentant invincible sur le terrain des faits. Je suppose que la distribution des écrits incriminés tombe sous l'application de la loi de 1858 et je vais immédiatement aux arguments que le ministère public a fait valoir pour établir que Verlière a pris part à cette distribution supposée délictueuse. Mais ici je suis tout à fait embarrassé : M. l'avocat impérial a avoué lui-même que les preuves contre Verlière lui semblaient affaiblies depuis les réponses faites par les agents à certaines questions que je leur avais posées ; cependant, au lieu de chercher à raffermir par son éloquence et par de nouveaux faits ces preuves chancelantes, il se contente de les citer, et sans les abandonner, mais sans les développer, il a recours à un nouvel argument que nous verrons tout à l'heure. Je suis donc obligé de discuter ces preuves, comme si elles n'avaient pas été affaiblies, avant d'examiner le nouvel argument de M. l'avocat impérial.

Les preuves, affaiblies par le débat mais toujours indiquées par M. l'avocat impérial, sont les suivantes : 1° les relations de Verlière avec Naquet ; 2° sa présence chez ce dernier dans la matinée du 10 novembre et dans la soirée du 11 ; 3° la remise par Hayot à Verlière d'un paquet des imprimés que le premier voulait détruire et que le second s'était chargé de distribuer.

Les relations de Verlière avec Naquet je ne les discute plus, je les ai expliquées, et elles n'impliquent pas que Verlière ait distribué les imprimés si, par hasard, Naquet en a distribué.

Je prends sa visite du 10 au matin chez Naquet et sa prétendue rencontre chez celui-ci avec Hayot et Las. Verlière a déclaré qu'il avait, en effet, rendu visite à Naquet, sans s'y trouver avec Hayot et Las, qu'il a seulement rencontré ces derniers sur le trottoir, devant la maison, là où il leur avait donné rendez-vous pour aller déjeûner. Tous trois ont, en effet, passé la journée ensemble et se sont amusés jusqu'au soir. Verlière est rentré chez lui à six heures. Or, toutes les démarches de ces trois personnes ont été épiées pendant cette journée du 10, et il est établi que, dans cette journée, pas un écrit n'a été vu distribué par Las, Hayot ou Verlière.

Le 11 novembre, dans la soirée, Verlière se serait trouvé chez Naquet avec Las, Hayot et une autre personne inconnue, et là on aurait procédé à la mise sous enveloppes des proclamations séditieuses.

Verlière est-il allé chez Naquet ? Naquet ne se le rappelle pas, Verlière l'a avoué, mais avec cette restriction qu'il n'est pas entré dans l'appartement, et qu'il a rencontré seulement sur l'escalier M. Naquet. Je n'approfondis pas cette distinction. Ce qui est certain, même d'après Hayot, c'est que Verlière serait arrivé alors que Hayot et Las étaient là. Or, que nous dit l'agent de police : « Las et Hayot sont restés un quart d'heure chez Naquet. » Donc si vous déduisez le temps de monter et de descendre, Verlière, arrivé après eux, a dû rester bien peu de temps, et sa coopération à l'œuvre d'empaquettement des écrits aurait été bien courte.

Mais a-t-il mis des lettres sous enveloppes ? Hayot lui-même n'ose le dire et répond « qu'il était trop troublé pour se rappeler ce qu'ont fait ces messieurs » (Las et Verlière).

Maintenant, une fois sorti de chez Naquet, Verlière a-t-il reçu des mains d'Hayot un paquet d'imprimés que celui-ci ne voulait pas garder et que lui, Verlière, se serait chargé de distribuer? Ici, nous arrivons à l'affirmation d'Hayot qui est la seule preuve invoquée. Je lis sa première déclaration qui est du 16 novembre: « Sur ces entrefaites, Verlière arriva, nous sortîmes ensemble, et je lui fis part du projet que j'avais de détruire les proclamations et les enveloppes. Il insista pour me faire changer de résolution et me voyant bien décidé, il m'offrit de se charger lui-même de la distribution. J'y consentis et je lui remis tout le paquet. »

Le 22 novembre il déclare :

« Cela est exact ; cependant j'ai fait quelques pas en compgnie de Verlière. J'avais alors sur moi soixante ou soixante-dix enveloppes contenant chacune un imprimé. Je dis à Verlière : Ces messieurs, persistant dans leur projet, mettront les imprimés à la poste ce soir même, moi je suis décidé à détruire ceux dont je suis porteur. Verlière me dit que j'aurais tort d'agir ainsi, et il m'engagea à lui remettre le paquet, me disant qu'il se chargeait lui-même de les répandre dans la matinée du lendemain. Je lui remis le tout, et j'ignore ce qu'il en a fait. Il est probable que, si on ne les a pas saisis, c'est qu'il les aura détruits, car, dès le lendemain, on a fait une perquisition chez lui. »

Ainsi, voilà un récit bien circonstancié et d'après lequel, après une conversation et une discussion plus ou moins longues, Hayot aurait fini par remettre à Verlière le paquet d'imprimés qu'il voulait détruire et que ce dernier se chargeait de distribuer.

Malheureusement pour la prévention, tout cela est absolument contredit par les dépositions des agents et par leurs réponses aux questions que je leur ai posées à la première audience.

Voici par exemple l'agent Véron : il était chargé de surveiller Las ; il l'a pris le matin du 11 novembre à son domicile, l'a suivi toute la journée, et, toujours le suivant, il arrive derrière lui au n° 42 de la rue du Montparnasse, c'est-à-dire devant le domicile de Naquet. C'est là, pardonnez-moi l'expression, qu'il espère trouver la pie au nid. Son attention va donc redoubler, il va épier avec plus de soin que jamais les entrants et les sortants ; eh bien ! il déclare qu'il a vu sortir Las, Hayot, Verlière, Naquet et un inconnu ;

que sur le pas même de la porte ils se sont séparés, et qu'alors il s'est remis à suivre Las jusque chez lui. L'agent n'a donc pas vu, malgré son attention, ni conversation, ni échange de paquet entre Verlière et Hayot; ils se sont séparés sur le pas même de la porte, dit-il, et cette déposition dément le récit si bien agencé, mais si mensonger, de Hayot. Mais voici qui est plus fort encore. L'agent Sorel, attaché à la surveillance spéciale de Hayot, et qui l'a suivi depuis le matin, arrive aussi derrière lui, le soir, rue du Montparnasse à la même heure que l'agent Véron et, comme lui, il braque ses deux yeux sur la maison suspecte. L'agent Véron voit sortir Las et Hayot ensemble : « Las et Hayot étaient-ils bien seuls? » lui demandai-je à l'audience. « Oui, ils étaient bien seuls. » — Verlière n'était pas avec eux? — « Non, Verlière n'était pas avec eux. »

Donc, celui-là même qui surveille Hayot, dont les yeux ne se détachent pas de lui, celui-là ne voit même pas un seul instant Verlière avec Hayot. Serait-il possible que Hayot eût fait la promenade de quelques pas dont il parle, qu'il eût causé, discuté avec Verlière, lui eût remis des papiers, et que cet œil exercé et attentif de l'agent n'eût vu ni promenade ni remise d'un paquet entre Hayot et Verlière!

S'il y a une preuve plus forte que celle-là du mensonge de Hayot, je ne comprends plus, et si vous voulez vous fier encore à la déclaration intéressée de cet Hayot qui tient surtout à se décharger, j'abandonne ma raison.

Non, Verlière n'a pas reçu les imprimés de Hayot, et la suite le prouve bien. Le 11 au soir, Verlière sort de chez Naquet vers neuf heures un quart. Il rentre chez lui vers neuf heures et demie et il ne sort plus, ceci résulte du témoignage de la concierge. Il n'avait pas le moindre paquet quand il est rentré, dit-elle encore.

Le 12 au matin, en effet, vers six heures, a lieu la perquisition chez lui, et on ne trouve ni une seule proclamation, ni une seule enveloppe, ni même un seul timbre-poste. Le commissaire de police se rend par surcroît de vigilance aux deux bureaux de poste les plus voisins et y opère une perquisition; il demande aux employés si aucun paquet d'imprimés ou aucune série de lettres offrant les mêmes apparences n'a été remis depuis la veille, et on lui répond qu'on n'a remarqué aucun paquet ni aucune série de lettres offrant un même aspect.

Ainsi on ne trouve rien, rien, absolument rien, et on voudrait soutenir que Verlière a été distributeur des imprimés clandestins !

Mais, je l'ai dit, M. l'avocat impérial qui consent à trouver affaiblies par le débat les preuves précédentes qui figurent seules dans l'instruction, M. l'avocat impérial en produit tout à coup une autre qui n'avait jamais été signalée à Verlière par le juge instructeur, tant elle semblait futile. C'est désormais le grand argument. Il s'agit de deux petites lignes au crayon qui se trouvent sous l'enveloppe de la lettre qui aurait été envoyée par Las à Chouteau avec une proclamation. Ces deux lignes au crayon sont ainsi conçues : « Distribuez cela dans la nuit sans faute. Plns tard il ne sera plus temps. » Ces deux lignes sont de Verlière, dit-on, et prouvent sa participatiou aux manœuvres illégales. En vérité, M. l'avocat impérial, la tentation serait grande pour renouveler à ce propos tous les lieux communs sur la fameuse parole : « donnez-moi deux lignes de l'écriture d'un homme, et je me charge de le faire pendre. » Je m'en abstiendrai. D'autant qu'ici ce ne sont même pas deux lignes de l'écriture d'un homme que vous avez, ce sont deux lignes qui pourraient être de l'écriture de cet homme. Que dit, en effet, l'expert, sur ces deux terribles lignes d'écriture au crayon, et non signées bien entendu ? « Tout le monde, dit-il, peut écrire comme cela et nous ne pouvons rien affirmer. » Et c'est dans ces deux lignes ainsi caractérisées par l'expert que vous venez réfugier la prévention ! Jugez par là, Messieurs, à quel degré de faiblesse et d'exiguité elle est arrivée vis-à-vis de Verlière. « Assurément, dit M. l'avocat impérial, il est vrai que l'expert n'a rien affirmé, mais il a trouvé des analogies avec l'écriture de Verlière, et si ces analogies ne sont pas frappantes, c'est que ce billet est écrit au crayon et que nous n'avions de Verlière que des écritures à l'encre pour types de comparaison. » D'abord, Verlière affirme que vous avez, dans les pièces saisies chez lui, des spécimens au crayon, et puis, il était facile de lui en demander un, si l'instruction avait daigné considérer comme digne d'attention cette preuve qui devient le dernier argument du ministère public. Mais, abandonnant la démonstration par l'expertise qui a eu la loyauté de ne se point prononcer, on se livre à un raisonnement qui atteint les dernières limites de la fragilité. « Le billet inséré sous l'enveloppe de Las à Chouteau n'a pu être inséré, dit-on, que par un de ceux qui étaient avec Las ce soir là, c'est-à-dire par Las, Naquet, Hayot ou Verlière. Or, l'écriture de ce billet au crayon n'offre d'analogie qu'avec l'écriture de Verlière: donc c'est Verlière qui a écrit ce billet. » Mais pardon, Monsieur l'avocat impérial, et que faites-vous donc de l'inconnu sorti de chez Naquet avec Verlière et les autres? Que faites-vous de cet inconnu dont tous les agents nous ont parlé? De cet inconnu dont on n'a pas vérifié l'écriture? Cet inconnu n'est-il pas aussi acceptable que Verlière comme rédacteur du billet au crayon, s'il faut absolument que ce billet ait été écrit par une des cinq, et non des quatre personnes sorties de chez Naquet le 11 novembre au soir. Vous avez raisonné par voie d'hypothèse. Moi également, mais mon raisonnement et mes hypothèses doivent être acceptés plus facilement que les vôtres. Vous en effet, accusateur, vous devez nous apporter des preuves, tandis que nous défenseur, il nous suffit de jeter le doute sur vos preuves et de les repousser comme suspectes.

Eh bien! que direz-vous si, après avoir réfuté votre hypothèse par une hypothèse contraire tout aussi probable, je vous apporte une preuve, une preuve certaine, une preuve irréfragable, puisque le mot est à la mode, venant contredire vos suppositions? Cette preuve, la voici.

Vous nous avez dit que ce billet n'a pu être inséré dans l'enveloppe que par l'une de ces quatre personnes ; Las, Naquet, Hayot, Verlière auxquels j'ai joint l'inconnu que vous avez oublié. A quelle heure cette lettre a-t-elle été mise à la poste? Elle porte le timbre de la 7me levée, la dernière, qui a lieu à neuf heures et demie du soir, pour la distribution être opérée le lendemain matin. Elle porte aussi sur le timbre l'indication du bureau de la rue des Vieilles-Haudriettes. Elle a donc été remise au bureau de la rue des Vieilles-Haudriettes au plus tard à neuf heures et demie. Or, les cinq personnes en question sont sorties entre neuf heures et neuf heures et demie du n° 42 de la rue du Montparnasse, et la distance est longue jusqu'à la rue des Vieilles-Haudriettes. Ce ne peut donc être Verlière qui ait écrit le billet au crayon. La lettre n'a pu être mise à la poste que par Hayot, avant qu'il se rendît à la rue du Montparnasse.

Ainsi disparaît le dernier fragment de votre prévention. Il n'en reste plus rien debout. Je n'insiste pas davantage. Je reste ferme sur le terrain des faits sur lequel je me suis résolument placé. J'ai montré que sur ce terrain M. l'avocat impérial n'apportait que des doutes quand moi j'apportais des preuves, — ce qui n'était pas mon rôle. — J'espère, Messieurs, qu'après m'avoir entendu, vous renverrez Verlière de la prévention de manœuvres, comme de l'inculpation de société secrète.

Me FLOQUET se rassied.

L'audience est suspendue à deux heures un quart.

L'audience est reprise à deux heures trente-cinq.

M. LE PRÉSIDENT. — La parole est au défenseur de Chouteau.

Me EUGÈNE CARRÉ. — Messieurs, pas plus que mon confrère et ami Floquet, je ne veux vous présenter des considérations générales; elles seraient irritantes peut-être; elles sont inutiles à coup sûr, et, d'ailleurs, Me Crémieux vous a dit, avec son incomparable autorité, ce qu'il y a au fond de de toutes ces affaires de société secrète, et ce qu'il en faut penser. Je me bornerai donc à plaider pour Chouteau simplement, et, ce dont le tribunal me saura surtout gré, brièvement. — Je n'ai pas besoin de déclarer que je place cette défense sous la protection des grandes et belles plaidoiries que vous avez déjà entendues.

De Chouteau, je ne vous en parlerai pas, si ce n'est pour vous dire que c'est un ouvrier honnête, laborieux, qui travaille du matin au soir pour élever sa petite famille; le ministère public n'a rien relevé contre lui qui soit de nature à le dénoncer à votre sévérité; ses antécédents sont irréprochables au point de vue judiciaire, aussi bien qu'au point de vue politique.

Ce n'est pas cependant que j'entende repousser la prévention, comme paraissait le craindre M. l'avocat impérial, en soutenant que les opinions de mon client sont contraires au but de la soi-disant société secrète, et que Chouteau est un satisfait du temps actuel. Non! le présent n'a pu l'éblouir, et il y a une époque non éloignée de notre histoire, à laquelle il a réservé toutes ses sympathies, son attachement le plus entier et le plus absolu, j'oserai dire son culte. Il me démentirait, Messieurs, si je reniais sa foi; il croit pouvoir l'affirmer devant vous, sans orgueil, mais sans faiblesse, et il sait que ce n'est pas se compromettre à vos yeux que de proclamer les principes que l'on a embrassés et auxquels on est resté attaché. Vous comprenez bien toutefois qu'il n'entre pas dans ma pensée de faire de Chouteau un homme politique. A Dieu ne plaise que j'aie pour lui prétentions semblables et aussi exagérées. La politique! Il ne l'a aimée que platoniquement, et, s'il avait conservé, dans son cœur, certains regrets et certaines espérances, il n'avait jamais pensé à réaliser ses espérances jusqu'au jour où un personnage, dont il faut que je vous dise un mot, s'est trouvé sur son chemin. Il a connu Godichet, je ne sais par quel hasard de la vie, et il est devenu son ami. On a défini l'amitié, l'amour sans bandeau, — définition qui n'est pas toujours exacte, car, dans l'espèce, Chouteau me semble avoir eu sur les yeux un lourd et épais bandeau. Godichet devait, en effet, exciter toutes ses défiances : il n'avait aucun moyen d'existence; professeur sans élèves, solliciteur malheureux, il ne lui restait guère qu'à se lancer dans la conspiration et à faire de la société secrète. Il n'y manqua point.

Godichet, vous le savez, Messieurs, était l'hôte de Chouteau, il demeurait chez lui, il connaissait, par conséquent, tous ses amis, toutes les personnes que celui-ci recevait à ces petites réunions, que Me Floquet appelait trop ambitieusement les mercredis de Chouteau; Godichet, par sa position, par son instruction, acquit bientôt, dans ce modeste milieu, une influence incontestable, une incontestable autorité, et c'est ainsi qu'il arriva à mettre, dans la tête de ces braves gens, le beau projet qui les amène devant vous.

Godichet vivement : Ce n'est pas vrai.

M. le Président. — Taisez-vous, Godichet, ou je serais obligé de prendre des mesures qui pourraient être lourdes pour vous.

Me Eugène Carré. — Ainsi, Messieurs, l'inspirateur, l'instigateur, l'âme de cette affaire, c'est Godichet. Voilà la vérité ! C'est lui qui, dans une de ces réunions, profitant d'un moment de surexcitation, a fait signer ces statuts qu'il avait élaborés. Je dis : qu'il avait élaborés, car personne n'a cru et personne n'a pu croire qu'il n'en est pas l'auteur, qu'il n'a été, comme il le prétend, que le secrétaire de la réunion. Les statuts sont bien de lui ; ils portent son empreinte indiscutable.

Eh bien ! ces fameux statuts qui, s'ils n'existaient pas, enlèveraient à la prévention tout caractère de vraisemblance, que prouvent-ils ? Sont-ils une preuve irrécusable de l'existence de la société secrète ? Ou, au contraire, faut-il les considérer comme un projet aussitôt abandonné qu'entrepris ? C'est sur ce terrain que je vais placer ma défense.

Oui, nous le reconnaissons, et nous avons tous ici trop de loyauté pour songer à le contester ; oui, quelques-uns des prévenus, obéissant à de détestables provocations, ont eu, un instant, l'idée de faire une société secrète, mais il n'y a eu là qu'un projet qui a vécu quelques heures à peine, le temps de lire les statuts, comme le disait M. l'avocat impérial. Ces hommes, quand ils ont vu de quoi il s'agissait, quand les écailles leur sont tombées des yeux, ont tout de suite compris que c'était folie à eux de vouloir organiser une société secrète, que cette organisation, qui ne devait être rien moins que secrète, ne pourrait avoir aucun but, aucun résultat, que c'était une puérilité, un enfantillage, et qu'il fallait aussitôt mettre de côté une entreprise plus vaine encore que compromettante. Et n'eussent-ils pas fait eux-mêmes ces sages réflexions qu'elles leur auraient été suggérées. M. Naquet vous a dit, et sa parole, j'imagine, a bien quelque valeur, M. Verlière vous a répété après lui, avec cette franchise et cette fermeté que nous avons tous admirées, que le projet, sur leurs observations, avait été abandonné : Chouteau et Godichet leur avaient promis de détruire les statuts : ils devaient être brûlés. Ah ! ç'eût bien été le cas de dire que le feu purifie tout.

La preuve qu'il n'y a eu qu'un projet, je vais vous la faire évidente, irréfragable ; cette preuve, je la prends dans les statuts, c'est-à-dire dans le corps du délit. Examinons-les donc, ces statuts :

Il y a un article qui porte que le comité sera composé de onze membres, et cet article est suivi d'un large espace laissé en blanc, qui doit évidemment contenir les noms des onze membres. Eh bien ! cet espace en blanc n'a jamais été rempli, et les signataires sont seulement au nombre de sept. Donc, la société n'a jamais été constituée, puisqu'elle n'a pas trouvé les adhérents voulus par ses statuts. C'est là une première preuve, Messieurs, qui s'impose à vos consciences.

En voulez-vous d'autres, puisées encore dans les statuts ? Il doit y avoir, aux termes de je ne sais quels articles, une caisse et un livre de caisse écrit en chiffres conventionnels. Où est la caisse ? Qui a jamais donné un sou à la société ? Qui a tenu le livre de caisse ? Où est-il ? Il faut qu'on nous apporte tout cela ; il faut qu'on nous apporte aussi les procès-verbaux des séances, exigés par un autre article. Si la société avait été organisée définitivement, les prescriptions de ces articles n'auraient pas manqué d'être exécutées, et s'il y avait eu une caisse, un livre de caisse, des procès-verbaux, M. le commissaire de police, je l'affirme, Messieurs, les eût découverts, car il n'y a pas au monde de magistrat plus habile, plus perspicace que celui qui a fait la perquisition chez Chouteau. Il a su, et cela en très-peu de temps, sans grandes hésitations, il a su trouver ces statuts qu'on nous oppose, ces statuts qui étaient enfouis dans une cave obscure, inconnue de tous, à 10 centimètres sous terre. J'admire, quant à moi, cette intuition, cette quasi-divination, et je n'ai pas la naïveté de m'en étonner ; Il ne faut s'étonner de rien, comme le disait M. le président à Verlière. Mais je dis au ministère public : Vous voyez bien que nous avons raison de prétendre que ces statuts ne sont qu'un projet, et rien qu'un projet, puis qu'aucune des règles qu'ils traçaient n'a été observée.

Permettez-moi, Messieurs, un dernier argument que je

tire encore des statuts. Le dernier article décide, — ceci est délicieux,— qu'ils seront perfectibles. Eh bien ! Est-ce qu'ils ont été remaniés, jamais? Non! et je suis bien sûr que M. l'avocat impérial ne soutiendra pas qu'ils sont parfaits en tous points, et qu'il n'y a aucune modification à y introduire.

Tout cela n'est pas sérieux, vous le voyez, Messieurs; ces statuts ont été abandonnés, et Chouteau se reproche amèrement de ne les avoir pas fait disparaître, aujourd'hui que leur existence compromet des innocents qui en avaient sollicité impérieusement la destruction. Vous comprenez à merveille que je ne m'arrête pas, et que je ne veux pas m'arrêter à la déclaration de Godichet, qui prétend que les signataires de ces statuts s'étaient opposés à l'unanimité à leur destruction. Il y a, Messieurs, des allégations auxquelles on ne fait pas l'honneur d'une discussion : on nomme leur auteur, et elles sont jugées.

Donc, les statuts ne prouvent rien, si ce n'est qu'à un moment donné, il y a eu un projet de société secrète; leur examen établit, au contraire, non-seulement que cette société n'a jamais fonctionné, mais encore qu'elle n'a jamais été régulièrement constituée.

Et les réunions, me dit M. l'avocat impérial, vous les oubliez donc? Les réunions qui ont été tenues le mercredi, jour fixé pour les statuts, rue de l'Orillon, lieu indiqué par les statuts, et auxquelles assistaient les signataires des statuts. J'admets que toutes aient eu lieu le mercredi, ce qui n'est pas,— que tous les prévenus y aient assisté, ce qui n'est pas encore,— et qu'aucune personne étrangère ne s'y soit introduite, ce qui n'est pas davantage, et cette dernière proposition a une grande importance, car si des personnes non affiliées ont assisté aux réunions, la société ne peut être secrète; mais n'importe! j'admets tout cela, et je dis : qu'est-ce que cela prouve? Il faut, M. l'avocat impérial, que vous m'établissiez d'une façon irréfutable que dans ces réunions on s'est occupé de la société secrète, et qu'on était secrètement réuni. Cette preuve, que j'ai le droit d'exiger de vous, n'a pas été faite, je ne la trouve nulle part dans votre réquisitoire.

Ah ! il y a la déclaration de Hayot; cette déclaration, je la repousse, comme j'ai repoussé celle de Godichet, non pas au même titre, mais parce qu'elle émane d'un homme en qui votre justice ne peut avoir confiance, d'un homme qui a eu peur, et qui, pour se soustraire à une poursuite, a dit tout ce qui lui est venu à l'esprit et le reste; et il a osé décorer ses dénonciations mensongères du nom honorable d'aveux : vous vous rappelez dans quelles circonstances il a parlé; il était enfermé depuis quelques heures, il venait de voir son père au désespoir, sa mère en pleurs, lui-même était tremblant; il a écrit alors à M. le commissaire de police de venir recevoir ses déclarations.

Pouvez-vous vous arrêter à un semblable témoignage, Messieurs? je ne veux pas le discuter, le reprendre en entier; je vais, cependant, vous en soumettre une partie, qui suffira à vous le faire apprécier à sa juste valeur. Voyons, que dit Hayot? Il dit qu'il est allé chez Chouteau, que là on a parlé politique et que les personnes présentes voulaient faire la révolution. Est-ce sérieux, Messieurs, je vous le demande? Comment? Ils sont là cinq ou six, sept au plus, et à eux sept, ils veulent faire la révolution, et pour faire la révolution, ils ont un fusil à un coup, un fleuret et une boîte de capsules ! Quel arsenal formidable ! Mais, si cette déclaration était vraie, ce n'est pas au régime de la prison qu'il faudrait soumettre les prévenus, mais au régime de l'hellébore; c'est à Charenton, et non à Sainte-Pélagie, que vous devriez les envoyer prendre leurs quartiers d'hiver. Mais cette déclaration n'est pas vraie. A ce moment, Hayot ne se possédait plus; ne voyez-vous pas que c'est un enfant affolé de peur, qui veut à tout prix se tirer d'affaire, dût-il perdre des innocents? Pauvre tête effarée, disait Verlière, et il avait raison; la malheureuse cervelle était troublée; troublée par la vue de sa famille dans les angoisses; troublée aussi par le séjour de la prison. Encore un coup, ce n'est pas là un témoignage qui puisse être retenu au débat, et sur lequel vous puissiez fonder vos convictions. Hayot est trop intéressé dans l'affaire pour qu'il soit impartial, et sa parole doit être repoussée par vos consciences.

Mais voici mieux : j'ai la prétention d'établir que les

réunions n'ont jamais eu le caractère que leur prête Hayot, et je vais l'établir avec une lettre adressée à Chouteau qui est au dossier, et qui, certes, n'est pas faite pour les besoins de la cause. Je lis : « 18 septembre 1867... Je tiens absolument à ne pas donner à la police la satisfaction d'avoir prise sur moi... nul doute, que si l'un d'eux avait vent de notre réunion de ce soir, ce serait pour lui une aubaine excellente, et la séance de magnétisme serait probablement transformée en toute autre chose. Signé, Malarmet. » Le 18 septembre, date de la lettre, est un mercredi, le 11 septembre était un mercredi, et c'est ce jour-là qu'ont été signés les statuts; donc, le 18, on avait abandonné l'idée de cette organisation, on était tout entier au magnétisme, et ce n'est qu'après cette époque que Hayot a connu Chouteau? Ceci est-il assez net et assez péremptoire ?

N'eussé-je pas, Messieurs, cette lettre de Malarmet, que toutes les invraisemblances se réuniraient encore contre la prévention. Comment ! C'est chez Chouteau que les affiliés viennent conspirer? Mais, pensez-y bien : Chouteau est marié, il a une petite fille de onze ans; sa femme et sa fille sont chez lui toujours, toujours ! Elles assistèrent nécessairement à ces réunions, et c'est en leur présence qu'on va discuter Société secrète, devant un enfant, et les enfants ne savent garder aucun secret ; devant une femme, et les femmes ne savent garder qu'un secret, celui de leur âge ; c'est là, alors qu'il y a là de tels témoins, que la Société secrète a établi son siége, qu'elle tient ses séances ! J'ajoute qu'il y vient d'autres femmes; j'aurais pu en faire citer plusieurs, je ne l'ai pas voulu, parce que c'eût été, pour employer une expression familière à l'honorable expert que vous avez entendu, faire injure à vos lumières, Messieurs. Je sais bien qu'il vous suffira d'apprendre que la femme et la fille de Chouteau étaient aux réunions, pour que vous reconnaissiez avec moi que ces réunions n'avaient pas le but que dit la prévention.

Ainsi, voilà écartés du débat et les statuts et les réunions. Que reste-t-il donc contre Chouteau? Il reste un fait qui, d'après le ministère public, établit victorieusement que la société a fonctionné. Chouteau a fait de la poudre ; le

16 octobre il a essayé cette poudre dans le fusil à un coup dont on lui reproche la possession, et une détonation formidable a retenti, qui a mis le quartier en émoi. Permettez-moi de vous le dire, Monsieur l'avocat impérial, ce fait, loin d'être une charge contre mon client, est, au contraire, un argument dont la défense s'empare. Vous soutenez que ces hommes conspirent, alors vous admettez avec moi qu'ils prendront tous leurs soins pour détourner les soupçons, qu'ils apporteront dans leurs actes la plus grande prudence, la plus grande circonspection, qu'ils éviteront le moindre bruit, le plus petit éclat, qu'ils s'entoureront d'ombre, de mystère et de silence ! Eh bien ! non, ces conspirateurs ténébreux tirent un coup de fusil en plein Paris, à 9 heures 40 du soir. Voilà des gens qui entendent la Société *secrète* ! — Ce qui me frappe, Messieurs, c'est que cette détonation n'a jamais préoccupé la police ; elle était cependant de nature à lui donner des inquiétudes, s'il en faut croire un de ses agents : « Il se forme, dit-il, un rassemblement d'environ 80 personnes ; les uns parlent d'un assassinat, les autres d'un suicide. Au moment même, Godichet paraît à la fenêtre du logement de Chouteau et dit que ce n'est rien, que c'est seulement un pétard qu'il a fait partir. Cette communication suffit pour dissiper l'attroupement. »

Voyons, Messieurs, si la police eût jugé que ce fait eût quelque importance, n'eût-elle pas fait immédiatement une descente chez Chouteau, ne l'eût-elle pas arrêté immédiatement? Or il ne faut accuser son zèle ni d'oubli, ni de somnolence : elle savait ce que l'on faisait, et il a suffi de quelques paroles tombées des lèvres de Godichet pour que les inquiétudes fussent dissipées et le calme rétabli.

Quant à la recette pour faire de la poudre qu'avait donnée M. Naquet, vous avez entendu les explications de Chouteau, et ces explications doivent êtres acceptées, puisqu'on n'a trouvé chez lui ni poudre ni matière servant à la composer.

Je n'ai plus qu'un mot à vous dire d'une lettre signée Chouteau, et écrite par Godichet. M. l'avocat impérial s'en est servi pour établir que Chouteau faisait de la propagande. Je pourrais lui répondre qu'il n'est pas responsable de la rédaction de Godichet, et que ce n'est point là un élément que la prévention puisse nous opposer. Mais j'accepte cette lettre, et j'en prends une autre dans le dossier. Vous allez voir que les lettres ne prouvent rien, et qu'on pourrait au besoin trouver partout des coupables. Celle dont je vous demande la permission de vous donner connaissance émane d'un homme aimé et respecté de tous ici; je ne serai démenti par personne quand j'aurai dit qu'elle est signée de M. Jules Favre. Ecoutez, Messieurs, écoutez :

« Mon bien cher maître, je n'ai pas oublié nos travaux, et j'attendais pour les reprendre que chacun fût revenu. Vous me donnez le signal, je vous en remercie, et vous prie de bien vouloir attendre quelques jours. Je vais plaider à Nimes et à Aix, et ne serai de retour qu'à la fin de la semaine prochaine. Voulez-vous venir causer avec moi dimanche prochain? Nous arrêterons ensemble notre plan d'opération. Mille fois à vous. Signé, J. Favre.»

Vous *m'avez donné le signal*, *notre plan d'opération*, ne voilà-t-il pas, M. l'avocat impériral, de quoi vous fournir des armes contre nous? Comme vous auriez usé de cette lettre avec conviction, si elle était écrite par Chouteau! Que d'éléments de certitude vous y auriez trouvés! Je crois entendre votre réquisitoire fulminant et irréfutable!

J'ai fini, Messieurs; j'ai examiné les charges sérieuses de la prévention, celles qui pouvaient arrêter vos esprits, et auxquelles s'était attaché le ministère public; maintenant, que Chouteau soit allé au cimetière Montmartre, qu'il soit allé au boulevard Bonne-Nouvelle, qu'importe? Là n'est point l'affaire. Je crois vous avoir démontré qu'il n'y avait jamais eu qu'un projet de société secrète, et dès lors j'attends avec confiance l'acquittement que j'ai eu l'honneur de solliciter de votre justice.

M. le Président. La parole est au défenseur de Godichet.

Me Maillard. Messieurs, en matière politique, lorsqu'un accusé, comparaissant devant ses juges, affirme son hostilité au gouvernement, et avoue son affiliation à une société secrète, si le gouvernement est vraiment fort, une peine sévère ne saurait être prononcée, puisque dans ce cas, le pouvoir n'aurait, en réalité, à courir aucun danger.

Mais si l'accusé reconnaît que les faits à lui reprochés, alors mêmes qu'ils seraient de nature à laisser supposer qu'il a pu se rendre coupable d'affiliation à une société secrète, n'on été qu'un accident dans sa vie, une peine quelconque ne saurait dès lors être prononcée, attendu qu'elle aurait perdu, par cet aveu, toute utilité et n'aurait plus par conséquent de raison d'être.

Telle est, dans cette affaire, la situation de Godichet. Son rôle a été bien modeste, et le devoir de la défense est de lui conserver le caractère qui lui est propre.

Godichet est le plus jeune des prévenus. Il est âgé de vingt-trois ans. Il appartient à une honorable famille du département du Cher. C'est à l'aide des plus grand sacrifices que sa famille a pu lui donner l'éducation qu'il a reçue.

Arrivé à Paris dans les premiers jours de 1865, il est admis à l'institution Massin en qualité de répétiteur. Là, il trouvera, dans l'exercice de fonctions honorables, des ressources qui lui permettront de faire face aux premiers besoins de la vie et la facilité de se livrer à l'étude du droit. Appelé sous les drapeaux par la loi du recrutement, il rejoint, au mois de septembre, le régiment qui lui est désigné. Après six mois passés dans l'armée, il est déclaré impropre au service pour cause de myopie; il revient à Paris, et, désireux de terminer ses études de droit, il rentre en qualité de surveillant dans l'institution Favart. Le directeur de cet établissement lui a délivré un certificat portant la date du 18 mars 1866, dans lequel je lis ce qui suit : «Je n'ai eu qu'à me louer de son zèle et de son exactitude.»

C'est le 24 février 1867 que Godichet adressait à l'Impératrice la pétition dont copie a été trouvée à son domicile lors de son arrestation le 12 novembre dernier, et dont le but était d'obtenir de la Société du Prince Impérial le prêt d'une somme de 1,000 francs, destinée à sa famille.

Rien jusqu'alors, dans sa vie, de nature à faire supposer que de près ou de loin il eût pu faire parti d'une affiliation quelconque ; sa vie avait été, en effet, exclusivement consacrée à l'étude, et le bonheur de sa famille avait été son unique préoccupation. Or, c'est vers cette époque que date son initiation dans la vie politique.

Voyons quelle était sa situation dans la maison de Chouteau, la part qu'il aurait pu prendre aux réunions qui se serait produites chez Chouteau et ailleurs, la nature des pièces saisies à son domicile, et demandons-nous si les faits qui lui sont reprochés sont suffisament établis pour qu'une condamnation puisse être prononcée contre lui.

Godichet avait fait connaissance de Chouteau, vous ai-je-dit ; Chouteau lui a offert une chambre dans son logement ; ils habitaient ensemble, et ils mangaient ensemble. Godichet était là depuis quelque temps, lorsque des réunions se seraient produites, et on lui reproche d'avoir assisté à ces réunions. J'habitais dans le logement, dit-il pouvais-je en sortir quand il venait quelqu'un ? Du reste, il y avait des femmes à ces réunions. Trois fois seulement, dit-il, on y a parlé politique, la première fois au sujet de la question de Rome, la seconde fois pour rédiger les statuts saisis chez Chouteau, la troisième fois pour les détruire, comme tout à fait inacceptables.

Le 16 octobre se placerait, d'après le ministère public, une réunion où l'on aurait fabriqué de la poudre. Interrogé à l'instruction sur ce fait, et sur les propos qu'on lui attribuait, il aurait répondu. « Pas si sanguinaire que cela ! » Vous l'avez entendu répéter cette dénégation à l'audience avec la même force, ce qui vous donne la preuve de son degré de culpabilité.

On a trouvé dans la maison qu'il habite les statuts de la Société secrète ; c'est lui qui les a écrits. Il les a écrits, mais ne les a point faits de lui-même. Comment, lui, né d'hier à la vie politique, aurait-il rédigé de son initiative ce document ? C'est inacceptable. Il a écrit ces statuts, parceque son instruction lui permettait de les écrire, de préférence aux autres qui étaient là, voilà tout.

Ces statuts étaient-ils bien les statuts d'une Société secrète qui a fonctionné et dont quelques membres seraient sur ces bans, ou n'étaient-ils qu'un projet ? Ils n'étaient qu'un projet Rappelez-vous que Godichet s'est rendu chez Verlière et lui a dit son désir de voir disparaître les statuts. Verlière l'a déclaré à l'instruction, il a renouvelé sa déclaration à cette audience et je le crois. Verlière est une des espérances du parti démocratique ; chez lui le caractère est à la hauteur du talent. Il est incapable de déguiser la vérité. Dans sa position, un homme ne ment jamais.

Les statuts n'ont donc été qu'un projet, abandonné aussitôt que conçu.

On a trouvé encore dans la maison une liste de dix-neuf noms. Chouteau vous a expliqué que ces noms étaient ceux d'amis devant assister à une noce en pique-nique.

Il y a au compte de Godichet une adresse saisie chez lui. C'est l'adresse du prévenu Adel. Eh bien! c'est l'adresse d'un ami qu'on conserve, même après la bien connaître.

Quant à la lettre qui lui est reprochée, lettre adressée à Chouteau, il vous l'a expliquée d'une façon très-plausible, en vous disant que Chouteau, voulant jouer au billard avec lui à l'insu de sa femme, l'avait prié de lui écrire cette lettre.

Les armes saisies, un fusil, un fleuret, une boîte de capsules, elles ont été trouvées, non dans sa chambre, mais dans la chambre de Chouteau qui s'occupait de chimie.

Chez Godichet, l'instruction le prouve, on n'a rien trouvé du tout.

Que reste-t-il donc contre lui?

Le seul fait d'avoir prêté sa main pour copier les statuts que vous connaissez. Or, ces statuts, cela n'est plus douteux, sont restés à l'état de projet. Ce n'a été qu'une aspiration, venant de personnes dont la détermination était mal arrêtée. Sa participation a été très-peu importante. Il n'a été que l'instrument, presque passif. Il a suivi les autres, mais il n'a rien fait de personnel, rien surtout qui puisse caractériser l'intention délictueuse. Et, comme c'est cette intention criminelle qne vous devez seulement punir, de l'examen auquel je me suis livré, il résulte pour moi la conviction que vous ne pouvez le condamner.

Me Maillard se rassied.

M. le Président. La parole est au défenseur d'Adel, dit Manuel.

Me Forni : Messieurs, mon confrère, Me Gatineau, s'étonnait tout à l'heure, en venant à cette barre présenter la défense de Las, que M. l'avocat impérial eût assigné à son client la troisième place dans la prévention. Permettez-moi d'être surpris, à mon tour, qu'Adel, pour lequel je me présente, en ait pu trouver seulement une, quelque mince, quelque exiguë, quelque effacée qu'elle soit.

Adel, vous le connaissez à cette heure. Ce n'est certes pas un penseur, j'imagine, ni un savant, ni un philosophe. C'est encore moins un homme d'action. Les déclarations spontanées de ses co-prévenus, ses réponses dans l'instruction, son attitude à cette audience, vous ont donné la mesure et de son intelligence et de son caractère. C'est un homme complètement étranger à la politique. Je ne le juge pas : il s'est jugé lui-même.

Comment se fait-il qu'il se trouve ainsi fourvoyé dans de pareilles poursuites? Mon Dieu! il a signé le document que vous savez. Sa signature, voilà le seul motif. Evidemment, Messieurs, on me concédera que sans cet accident de signature, les six ou sept visites qu'il a pu faire au domicile de Chouteau eûssent passé inaperçues et n'eussent jamais, en tout cas, éveillé contre un homme tel que Manuel, l'attention vigilante du parquet.

Je n'ai pas la prétention de rentrer dans la discussion générale des faits. Y a-t-il eu une société secrète? Evidemment non. Tout ce que je puis admettre à cet égard, c'est qu'il y a eu un projet d'association. Ce n'a été qu'un projet : mes confrères l'ont, ce me semble, surabondamment démontré. Un projet! Tenez! l'expression est si juste, elle rend si exactement la réalité des choses que si vous voulez bien reporter un instant vos souvenirs à l'audience du vendredi, vous vous rappellerez, comme je me le rappelle moimême, que c'est précisément l'expression dont s'est servi tout d'abord le commissaire de police en rendant compte de sa trouvaille. M. le commissaire, appelé comme témoin, a dit : « ... Je trouvai un tube de fer-blanc renfermant un *projet* de société secrète. — Il est vrai qu'il s'est immédiatement repris pour choisir un autre terme, — mais il en est des mots comme des mouvements et, ici, j'estime que le premier est le bon.

Il n'y a donc eu qu'un projet de société. Mais alors, les faits soumis à votre appréciation ne constituent qu'une tentative de délit. Or, d'après l'article 3 du Code pénal, la tentative de délit n'est assimilable au délit que lorsque la loi l'a formellement déclaré, et, vous le savez, la loi de 1848, sur ce point, est muette.

Je le répète, Messieurs, je ne prétends pas rentrer dans la

discussion générale. Je me borne donc à formuler cette proposition démontrée : il n'y a eu qu'un projet de société secrète. Et j'ajoute au nom de mon client : en tout cas Adel n'a jamais fait partie, n'a jamais entendu faire partie d'une société secrète.

Qu'est-ce qu'Adel, dit Manuel? Un ouvrier fondeur en cuivre. Voici le renseignement que je trouve sur son compte dans l'instruction. M. Leverbe, son patron, dépose et dit :

« Cet homme passe pour médiocrement intelligent. Il n'a aucune espèce d'instruction. »

Et à ce sujet je dois relever une assertion émise par M. l'avocat impérial dans son réquisitoire. M. l'avocat impérial a prétendu qu'Adel faisait partie de la commission des ouvriers fondeurs. C'est une erreur. Oh! je sais bien qu'un témoin a déclaré ce fait dans l'instruction, mais je ferai observer qu'il ne s'agit là, dans la bouche du témoin, que d'un ouï-dire. La vérité est qu'il n'a jamais été promu à cette fonction, et le tribunal pourra s'en assurer. Le fait est minime, mais il a son importance. On aura probablement confondu Adel avec Gorraud, ouvrier comme lui, qui travaillait dans le même atelier, et qui, lui en effet, a eu l'honneur de faire partie de la commission.

J'ai parlé de Gorraud, c'est Gorraud, l'ami d'Adel, qui l'a mis en rapport avec Chouteau et Godichet. C'est sur l'invitation de Gorraud que Manuel est allé quelquefois rue de l'Orillon. Il y est allé combien de fois? Je ne sais. Adel dit cinq ou six fois. Les agents relèvent contre lui sept réunions. Peu importe? Je ne veux pas mettre en doute cette science mnémotechnique des agents qui nous a étonnés si fort. Sur ce point, je ne veux faire remarquer qu'une chose au Tribunal, c'est qu'Adel est toujours allé chez Chouteau, conduit par Gorraud, c'est qu'il n'a jamais été vu ailleurs que chez Chouteau, c'est qu'il y a mené sa femme, et enfin, — j'insiste sur ce dernier point, — c'est qu'il s'y est ordinairement trouvé des jours autres que le mercredi. Veuillez en effet vous reporter aux dates indiquées par les agents, vous verrez que le 23 septembre était un lundi, le 22 octobre un mardi, le 31 octobre un jeudi, etc. Il n'allait donc pas chez Chouteau spécialement les jours fixés par les prétendus statuts. Ce n'était pas un membre de société secrète.

— Mais il a signé cependant? — Oui, et j'arrive au seul chef sérieux relevé contre lui : Il a signé.

» Etant donné le caractère d'Adel, étant données ses habitudes, on ne peut faire de cette apposition de signature au bas du programme de la société le motif d'une condamnation. Il allait chez Chouteau; il y écoutait; il y buvait. Un jour on lui a passé la plume; il a écrit son nom, il l'a déclaré, sans connaître parfaitement ce dont il s'agissait. C'est le 23 ou le 25 septembre qu'il a signé, et, remarquez-le, la rédaction des statuts date du 11.

Il a signé par imitation, comme l'enfant qui écrit son nom sur les murs. Vous avez entendu ses co-prévenus. Chouteau, avec une loyauté qui l'honore et dont je le remercie, au nom de mon client, au nom de la vérité et de la justice, Chouteau a spontanément déclaré que c'est sur son invitation que la signature a été donnée. Et Godichet écrivait le 8 octobre à Gorraud — le 8 octobre, c'est-à-dire un mois à peine avant l'arrestation : « Mon cher Barthélemy, nous comptons sur vous demain soir. Nous espérons voir Manuel avec vous, et des nouveaux si c'est possible. » Manuel! des nouveaux! Ce billet n'indique-t-il pas parfaitement le rôle passif d'Adel dans cette affaire. Enfin, et c'est là une considération grave, Adel, Messieurs, est complétement illettré. Il ne sait ni lire ni écrire. A peine sait-il aligner sur le papier les lettres de son nom, et cela dans une forme qui ferait certainement sourire M. l'expert Delarue. Vous pouvez constater ce fait en examinant son extrait d'acte de mariage et les conclusions prises ici par la défense. Adel n'a jamais signé que deux actes dans sa vie : son acte de mariage et les statuts de la Commune. L'apposition de sa signature au bas des statuts ne peut donc constituer contre lui une preuve d'affiliation. Pour prouver sa participation à une prétendue société secrète, il faudrait démontrer que cette apposition, fait matériel, fait externe, correspond à un fait interne, la volonté, le consentement, l'intention. Dans les circonstances de la cause, c'est ce que le ministère public n'a pas établi.

Je dois dire encore un mot de la perquisition. M. Rebut, le commissaire de police, a fait une descente chez mon client et n'a rien trouvé. Je me trompe. Il a saisi et mis sous la main de la justice : 1° une liste, 2° un congé de libération, 3° une feuille de papier blanc ! Je n'ai pas à expliquer la présence de ce congé, encore moins de cette feuille de papier blanc qui a paru, je ne sais pourquoi, suspecte à M. le commissaire de police. Je demande seulement au tribunal la permission de le renseigner sur la liste. Elle remonte à deux ou trois ans. Elle a trait aux cotisations des ouvriers fondeurs. Elle porte l'indication de 850 souscripteurs et parmi les 100 noms qui y figurent, vous n'en retrouverez pas un seul qui ait été cité dans ces débats. Les annotations qui s'y trouvent en indiquent au surplus le caractère. Le Tribunal n'aura qu'à jeter les yeux sur cette pièce pour se convaincre qu'elle est parfaitement inoffensive.

Je me résume Messieurs... Si Adel a fait de la société secrète, c'est bien certainement comme le bourgeois de Molière faisait de la prose, « sans le savoir ». La vérité est qu'il n'y a jamais eu de société et qu'il n'y a eu qu'un projet d'association ; Adel l'a signé sans y adhérer, sans comprendre l'importance qui pouvait s'attacher à cet acte. Vous ne pouvez pas le condamner. S'il avait l'honneur de partager les convictions généreuses, les grands et inflexibles principes que plusieurs prévenus représentent avec tant d'éclat, je l'engagerais, par ces temps d'épreuves à les garder religieusement en lui-même, au fond de sa conscience plutôt que de les laisser enfouir, sous forme de statuts, dans les caves de la rue de l'Orillon. Il n'en est rien, vous le savez. Vous connaissez son intelligence ; il vous a révélé son caractère. Il sortira, acquitté, de cette audience ; il sera rendu à sa femme et à ses deux petits enfants. Il se défiera désormais, soyez-en sûrs, des papiers que pourront lui présenter à signer je ne sais quels quémandeurs de signatures, pétitionnaires d'Impératrice ; il se défiera plus encore de ces passes magnétiques d'Hayot qui viennent se combiner si heureusement, à un moment donné, avec la *double vue* de la police.

Me Forni se rassied.

M. LE PRÉSIDENT. — La parole est au défenseur de Meili.

M. DE SONNIER. — M. Meili occupe si peu de place dans la prévention, il y joue un rôle si effacé, que je suis vraiment embarrassé pour le défendre ; je voudrais me borner à peu de mots et cependant comme il a signé les statuts et assisté à quelques réunions, je me trouve obligé de parcourir rapidement le cercle entier de l'accusation.

Tout ce que le ministère public lui reproche, Meili l'avoue sans difficulté, mais il déclare qu'il n'a rien compris à ce qu'on lui faisait signer, et il a cru simplement qu'il s'agissait d'un projet pour empêcher la guerre et *fonder la paix publique.*

Meili, en effet, n'est pas Français; né dans le canton de Zurich, il appartient à la Suisse allemande; il comprend très-mal notre langue ; lorsqu'en lisant les statuts on prononçait devant lui le mot *république* il entendait *paix publique.* Vous avez pu remarquer dans son interrogatoire avec quelle difficulté il s'exprime : son attitude a été sa meilleure défense.

Chacun doit avoir dans ce procès la situation qui lui est propre. Plusieurs des prévenus ont hautement affirmé les convictions qu'ils professent, et si Meili avait, lui aussi, des opinions politiques, il les avouerait avec la même franchise, mais il n'en a pas... Il est depuis peu à Paris et uniquement occupé de son état ; il ne s'est point mêlé des questions qui nous divisent et qui sont d'un si grand intérêt pour nous. «Le gouvernement français, disait-il dans son interrogatoire, ne m'a jamais fait de mal, et je n'ai aucune raison d'en vouloir à l'Empereur.»

Citoyen d'une république, Meili a assisté, dans son pays, au jeu régulier des libres institutions ; en Suisse, tous ceux qui ont des intérêts à défendre, des convictions communes à propager, se réunissent, se concertent, s'associent librement. Il existe un grand nombre d'associations, le gouvernement ne s'en occupe pas. Aussi Meili n'a jamais entendu parler de sociétés secrètes dans sa patrie.

Le sentiment qui l'anime depuis le commencement de cette poursuite, c'est un grand étonnement; comme il ne sait rien de nos institutions et de nos lois, il se demande comment il peut se trouver mêlé à une affaire d'association contre le gouvernement.

Comment donc Meili qui ne songeait point à s'occuper de politique, s'est-il trouvé en rapport avec les autres prévenus?

Ce n'est pas un des détails les moins curieux de cette curieuse affaire.

C'est Hermann qui lui fait faire connaissance avec Godichet, il lui dit qu'il le mène passer la soirée chez des amis. Où est Hermann? Averti sans doute par un pressentiment secret, il a disparu à la veille des poursuites.

C'est Godichet qui avait rédigé les fameux statuts; six mois auparavant, il écrit à l'Impératrice la lettre que vous savez. Godichet prend tant d'intérêt à Meili, que pour l'engager à revenir, il lui donne des leçons de français. C'est lui qui persuade à Meili de signer les statuts. Le lendemain même, on reconnaissait que c'était une folie et on convenait de les brûler; Godichet, je ne sais pourquoi, les conserve et les cache dans la cave de Chouteau, et lorsque le commissaire arriva, conduit sans doute par un flair particulier, il va juste à l'endroit, gratte la terre et retire l'étui de fer blanc.

Meili a donc signé les statuts, c'est la seule charge sérieuse qu'on relève contre lui; que portent ces fameux statuts?

En tête se trouve une profession de foi politique et philosophique dont je n'ai rien à dire; chez Meili, qui entend à peine le français, ces déclarations n'éveillaient aucun soupçon, il les écoutait comme Candide écoutait Pangloss.

Suit le règlement : avis à tous ceux qui veulent fonder des sociétés *secrètes*! Voici comment on les constitue : on écrit dans un article que chaque adhérent laissera son nom et son adresse au siége de la Société ; dans un autre, qu'on tiendra un livre de caisse pour inscrire les dépenses faites contre le gouvernement; dans un troisième, qu'on rédigera, un procès-verbal des discussions portant sur les moyens de le combattre. Il suffira, d'ailleurs, qu'un seul membre n'approuve pas une mesure prise par le comité pour qu'on en appelle à une assemblée générale, et on verra au Casino ou au Cirque Napoléon, la réunion générale d'une société secrète discutant les meilleurs moyens de conspirer.

Il paraît cependant que cette Société était bien dangereuse! Du haut de la tribune du Corps législatif, M. le ministre d'État appelait sur elle l'attention et les préventions publiques ; les trois termes de la question, disait-il, étaient Rome, Florence et Paris.

Cette fois, encore, le gouvernement nous a sauvés!

Eh bien ! voici la conspiration à laquelle M. le Ministre faisait allusion ; elle devait être dirigée par un comité de 11 membres, mais elle n'a jamais compté que 7 adhérents ; pour armes, elle avait un fusil à un coup et un fleuret ; s'il existait une caisse elle était vide.

Mais enfin, où est donc la preuve de la Société secrète ? Dans les statuts ? Ce n'est qu'un simple projet, et M. l'avocat impérial reconnaît lui-même qu'ils ne forment pas une preuve suffisante, et il puise sa preuve dans les réunions ? Comment établissez-vous que ces réunions étaient celles d'une Société secrète ? Les statuts le prouvent, dites-vous. Comment ! lorsque nous discutons sur les statuts qui, selon vous, ne sont pas une preuve, vous parlez des réunions, et lorsque nous discutons sur ces réunions vous cherchez à les incriminer par les statuts ! Mais c'est là un cercle vicieux s'il en fut jamais, et c'est là-dessus pourtant que repose toute l'accusation.

Les statuts ! Tous les prévenus étaient détenus au secret à Mazas, ils n'ont pu se concerter, tous vous déclarent qu'ils ont été abandonnés le lendemain, et c'était, en effet, une telle folie que je ne comprends même pas qu'on puisse mettre cette déclaration en doute.

Mais vous, Monsieur l'avocat impérial, vous dites que les réunions avaient lieu en conformité des statuts ; c'est à vous de le prouver, c'est à vous d'établir que dans ces réunions on s'occupait de politique, qu'on y ourdissait des trames contre le gouvernement. Eh bien ! vos agents n'ont pas pénétré jusque-là, et vous ne pouvez même nous dire ce qui s'y est passé.

Entre les statuts et les réunions il y a dans votre raisonnement une lacune considérable, que vous êtes impuissant à combler.

Mais je reviens à Meili. A combien de réunions a-t-il assisté ? A cinq seulement qui toutes ont eu lieu chez Chouteau et Godichet. Godichet lui donnait des leçons de français, Meili venait là pour s'instruire et pour passer la soirée, connaissant peu de monde à Paris.

Que se passait-il encore dans ces réunions ? On causait de toutes choses. On buvait, on tirait des pétards qui mettaient en émoi le quartier et la police ; c'était l'artillerie de la conspiration ; on faisait des expériences de magnétisme, des femmes y assistaient. Comment Meili se serait-il douté que c'était là une Société secrète ?

Passons. On lisait des articles de journaux qui donnaient lieu à des discussions politiques, je l'admets : mais jamais on ne s'est occupé de politique dans le but de renverser le gouvernement. Jamais il n'a été question d'une conspiration quelconque. Vousêtes impuissant à soutenir le contraire.

Meili avoue tout ce qu'il écrit avec une extrême franchise ; il est trop naïf pour rien dissimuler; dans tout ce qu'il a vu, dans tout ce qu'il a compris, rien ne pouvait éveiller ses soupçons, lui faire croire qu'il s'affiliait à une Société secrète. Mais son étonnement est grand de se voir impliqué dans une telle accusation. Lui qui n'a point d'opinion sur les questions qui nous divisent, qui n'a aucune raison, dit-il, d'en vouloir au gouvernement français, il se trouve tout d'un coup transformé en homme politique, en conspirateur, cela lui semble merveilleux. Jamais en Suisse il n'avait rien vu de pareil : il se dit qu'il faut bien de la prudence pour vivre en France. Aussi il ne permettra plus qu'on cause devant lui politique, et le soir il n'ira plus voir ses amis... Vous le renverrez, Messieurs, des fins de la plainte.

Me Dupont présente quelques nouvelles observations en faveur de Naquet.

Le Tribunal se retire dans la salle des délibérations à dix heures quinze minutes, il rentre à onze heures cinquante minutes et rend son jugement en ces termes :

« *En ce qui touche le délit de manœuvres à l'intérieur* : »

Attendu que dans la soirée du 11 novembre dernier un grand nombre de proclamations imprimées, rédigées sous trois formules, la première commençant pas ces mots : « La France ne s'appartient plus.» La 2e : « Peuple de Paris, il y a seize ans.» La 3e : « Français, le règne de Bonaparte,» ont été distribuées dans Paris par la voie de la poste ;

Que ces proclamations contiennent dans les termes les plus violents une excitation à la haine et au mépris du gouvernement, et que leur distribution était de nature à troubler la paix publique.

Que cet instrument rend manifeste le but et l'intention criminelle de ceux qui l'ont employé ;

Qu'il s'agit donc de rechercher si les prévenus ont participé à cette distribution et de caractériser les moyens employés par eux ;

Attendu que, de l'instruction et des débats, il résulte que Acollas a préparé l'introduction en France des proclamations incriminées ; qu'elles ont été déposées à son domicile en un paquet le 11 novembre ; qu'il a pris possession de ce paquet ; qu'il a pris connaissance du contenu de ces proclamations ; qu'il en a livré cinq à Hayot ; qu'il en a envoyé, après l'avoir promis, une certaine quantité au domicile dudit Hayot ;

Attendu que, le même jour, Hayot a communiqué les proclamations à Las à l'estaminet de la rue Phélippeaux ; que, dans la soirée, il s'est rendu chez Naquet avec Las, a pris part à la mise sous enveloppe des proclamations à distribuer, et a accepté d'en jeter à la poste 60 ou 70 ;

Attendu que Las est allé chez Naquet avec Hayot, dans le même but ;

Que 23 proclamations incriminées ont été saisies à son domicile ;

Qu'il a écrit la lettre adressée à Chouteau, accompagnant l'envoi de huit desdites proclamations ;

Attendu que Naquet a présenté Hayot à Acollas ;

Qu'il a pris part dans la soirée du 11 au travail nécessaire pour opérer la distribution des proclamations ;

Qu'il a été saisi dans un tiroir de son bureau une enveloppe cachetée portant une adresse et contenant une proclamation ;

Attendu que Verlière est arrivé dans la soirée du 11 chez Naquet, où se faisait le travail préparatoire de la distribution ; qu'il y a pris part ; qu'il s'est chargé de distribuer les proclamations remises à Hayot, alors que celui-ci hésitait à le faire ;

Attendu que, chez Naquet, une personne inconnue a agi comme les prévenus ;

Qu'un autre inconnu a été chargé de porter les proclamations au domicile de Hayot ;

Que huit écrivains ont été employés à écrire les adresses ;

Attendu que les pratiques qui consistent, de la part des prévenus, à diviser les éléments qui constituent l'acte délicteux, à se distribuer l'exécution de chacun de ces éléments; à faire appel au concours d'individus qui ne sont point connus de tous, constituent des manœuvres à l'intérieur;

Qu'en agissant ainsi, Acollas, Naquet, Hayot, Las et Verlière se sont rendus coupables du délit prévu et puni par l'article 2 de la loi du 2 février 1858;

En ce qui touche le délit de société secrète:

Attendu que, de l'instruction et des débats, il résulte que, liés entre eux par la communauté d'opinions politiques, Naquet, Hayot, Las, Verlière, Chouteau, Godichet, Adel dit Manuel, Goraud, Meili, Genouille et Hermann ont fait partie de la société secrète intitulée : *la Commune révolutionnaire des ouvriers français;*

Attendu que les statuts de cette société ont été saisis au domicile de Chouteau;

Que ces statuts révèlent à la fois l'association et le but de l'association, qui est « de renverser le gouvernement impérial pour le remplacer par une république démocratique et sociale, basée sur les principes de 89, affirmés par le matérialisme et l'athéisme ; »

Qu'ils indiquent qu'il y aura concert entre les citoyens ouvriers et les citoyens étudiants;

Qu'il est constant que les associés entendaient agir par l'action et qu'il ne devaient reculer devant aucun moyen;

Que dès lors l'association a une existence certaine; que son but est politique;

Attendu que les statuts saisis étaient cachés avec soin; que les affiliés avaient adopté les réunions par fractions, soit au siége de la Société, soit chez les affiliés, soit chez les marchands de vins; que les communications entres les ouvriers et les étudiants devaient avoir lieu par un seul intermédiaire, qui les recevait du *comité révolutionnaire* de la Société;

Que, dès lors, l'association est donc secrète;

Attendu que les réunions ont eu lieu, conformément aux statuts, dix-huit fois chez Chouteau, une fois chez Pagès, une fois chez Goraud, une fois chez Mayer, deux fois chez Las;

Qu'aux manifestations des 2 et 4 novembre, la présence de plusieurs affiliés a été constatée ;

Que la Société secrète n'est donc pas restée à l'état de projet et qu'elle a fonctionné ;

Attendu que tous les prévenus, et chacun d'eux, ont assisté deux fois au moins aux réunions qui ont eu lieu chez Chouteau, Las et autres ;

Que Chouteau, Godichet, Adel, Goraud, Meili, Genouille et Hermann ont signé les statuts ;

Que Naquet a fourni aux affiliés une recette pour fabriquer de la poudre-coton ;

Que tous ont donc fait partie de la société secrète incriminée ;

Attendu qu'en agissant ainsi les prévenus se sont rendus coupables du délit prévu et puni par l'article 13 de la loi du 28 juillet 1848 ;

Attendu que les délits ainsi caractérisés tombent sous l'application des articles précités ;

En faisant application ;

Condamne Acollas en un an de prison, 500 fr. d'amende ;

Naquet, Verlière et Chouteau chacun en quinze mois de prison, 500 fr. d'amende, cinq ans d'interdiction de l'exercice des droits civiques ;

Hayot et Godichet chacun en un an de prison, 500 fr. d'amende, cinq ans de privation de l'exercice des droits civiques ;

Adel, Las, Goraud, Meili, Genouille et Hermann chacun en trois mois de prison, 100 fr. d'amende, cinq ans de privation des droits civiques ;

Fixe pour tous à quatre mois la durée de la contrainte par corps. »

Deux des condamnés : Chouteau et Verlière ont interjeté appel du jugement précédent. L'affaire est venue devant la Cour des appels de police correctionnelle présidée par M. Saillard, le 6 février 1868 et a occupé toute l'audience. Le 13 février, est intervenu un arrêt confirmant purement et simplement, en ce qui les concerne, le jugement ci-dessus.

R. DELAUNE, *Sténographe*,
Impasse Guémenée, 3.

Paris. — Typ. A. Parent rue Monsieur-le Prince, 31.

PARIS. — A. PARENT, IMPRIMEUR,
Rue Monsieur-le-Prince, 31.

www.ingramcontent.com/pod-product-compliance
Lightning Source LLC
Chambersburg PA
CBHW070753290326
41931CB00011BA/1990

* 9 7 8 2 0 1 4 4 8 3 9 2 5 *